Die Deutsche Bibliothek - CIP-Einheitsaufnahme

Dale, Jenny:
Alarmstufe Rot / Jenny Dale. Übers.: Hilde Linnert. - 1.Aufl. - Wien
: G-und-G, Kinder- und Jugendbuch, 1998
  (Ein Herz für Hunde ; Bd. 2)
  ISBN 3-7074-0010-7

In der neuen Rechtsschreibung

Die Originalausgabe ist erstmals 1998 unter dem Titel *Red Alert*
bei Macmillan Publishers Ltd. erschienen.
Copyright © 1998 Working Partners
Inside Illustrations copyright © Mick Reid 1998
Cover illustration copyright © 1998 Michael Rowe

1. Auflage 1998
Deutschsprachige Ausgabe
© 1998 G & G Buchvertriebsgesellschaft mbH, Wien
Übersetzung: Hilde Linnert
Lektorat: Jessica Beer
Satz: gd pobst, Wien
Druck und Bindung: BBG, Wöllersdorf
Aus Umweltschutzgründen wurde dieses Buch
auf chlorfrei gebleichtem Papier gedruckt.
Alle Rechte, auch die des auszugweisen Nachdrucks,
der fotomechanischen Wiedergabe und der Übertragung
in Bildstreifen sowie die Einspielung und Verwendung in elektronischen Medien,
vorbehalten.

Alarmstufe Rot

Wütendes Gebell riss Neil aus dem Schlaf. Es hörte sich an, als bellten alle Hunde in den Zwingern gemeinsam. Statt der Morgenröte drang flackerndes rotes Licht durch das Fenster.

Er zog den Vorhang zurück und sah hinaus. Das rote Licht kam von links, und als Neil sein Fenster öffnete, sah er, dass Flammen aus dem Dach der Scheune schlugen.

Einige Sekunden lang war Neil starr vor Schreck. Dann rannte er durch sein Zimmer, schnappte sich seine Jeans und stieß die Tür auf.

„Mum! Dad!", brüllte er. „Wacht auf! Rasch, die Scheune brennt!"

Ein Herz für Hunde

Alarmstufe Rot

Jenny Dale

Illustrator:
Mick Reid

Wien–Stuttgart–Zürich

Die Hunde-Einsatztruppe

So wird die Familie Parker genannt, weil sie in der Nähe des Städtchens Compton eine Hundepension mit angeschlossenem Rettungszentrum für streunende Hunde betreibt. Und zu Recht, denn wo immer ein Hund Hilfe braucht, sind die Parkers zur Stelle.

Neil Parker

ist elf Jahre alt. Hunde sind Neils Leben, sein bester Freund aber ist Sam, ein schwarz-weißer Border Collie, der den Parkers vor vier Jahren zugelaufen ist. Seitdem sind Neil und Sam unzertrennlich. Um einem Hund zu helfen, stürzen sich die beiden mit Begeisterung in jedes Abenteuer – und schrecken dabei vor keiner Gefahr zurück.

Emily Parker

ist Neils jüngere Schwester und ebenfalls bei jedem Abenteuer dabei. Doch wo Neil Hals über Kopf handelt, überlegt die schlaue Emily zunächst mal in Ruhe und legt eine lange Liste an. Gemeinsam lösen die beiden jedes Problem. Denn Emily liebt nicht nur Hunde sondern alle Tiere – ja, als Einzige in der Familie liebt sie sogar Katzen!

Sarah Parker

ist fünf Jahre alt und wird von ihren älteren Geschwistern liebevoll „Krümel" genannt. Sie hat zwei Lieblingsbeschäftigungen: Entweder malt sie oder sie versucht ihren Hamster Fudge zu erziehen, der ihrer Meinung nach das klügste und wunderbarste Tier auf der Welt ist.

„Hat jemand von euch Vater gesehen?", fragte Neil Parker. Er stürmte in die Küche ihres Hauses bei den King Street Zwingern und ließ seine Schultasche auf den Fußboden fallen. „Eines der Kinder in der Schule hat mich gefragt, ob es seinen Hund zum nächsten Abrichtekurs bringen darf."

Neils neun Jahre alte Schwester Emily saß an dem großen Holztisch in der Mitte des Raums und kaute an einem Bleistift. Vor ihr türmte sich ein Berg von Mathematik-Hausaufgaben. Ihre Mutter half ihr, und bevor sie Neils Frage beantwortete, klopfte sie auf Emilys Buch und sagte missbilligend. „Als ich zur Schule ging, ergab sieben mal sieben nicht neunundfünfzig."

„Hoppla", sagte Emily und radierte ihren Fehler aus.

Carole Parker blickte auf. „Das dürfte kein Problem sein, Neil. Dein Vater ist irgendwo draußen in den Zwingern."

„Er bringt die neuen Hunde unter", ergänzte Emily.

„Neue Hunde?" Neil grinste. Er liebte das Leben mit Hunden, und der Gedanke, dass es neue Hunde gab, die er kennen lernen würde, war wichtiger als alles andere.

Ohne aufzublicken sagte Emily: „Vor fünfzehn Minuten war er noch im Rettungszentrum. Aber du könntest es mit der Scheune versuchen – ich glaube, dass er nach dem Unterricht von gestern Abend vorhatte, die Scheune zu reinigen." Dann kehrte sie zu ihren komplizierten Hausaufgaben zurück.

Neil lebte am Rand des kleinen Landstädtchens Compton. Seine Eltern Bob und Carole Parker betrieben eine Hundepension sowie ein Rettungszentrum für streunende Hunde. Alle Bewohner von Compton kannten die King Street Zwinger – und auch die „Hunde-Einsatztruppe", wie Neils Freunde die Familie Parker nannten.

Neil ging auf den Gartenweg hinaus, der zu den Zwingern führte, und sah sich um. Er blickte über den

Hof zu den beiden Zwingerblöcken, konnte aber keine Spur von seinem Vater entdecken, genauso wenig bei der Scheune links von ihm oder beim Rettungszentrum. Nirgends rührte sich etwas.

Neil pfiff und Sam, sein schwarz-weißer Border Collie, kam von seinem Lieblingsplatz unter der Hecke im Garten hergerannt.

„Hi, Sam", sagte Neil und kraulte ihn an den Ohren. „Hast du Dad gesehen?"

Sam keuchte glücklich und wedelte heftig vor Aufregung. Er folgte Neil zu der umgebauten Scheune, in der Neils Vater zweimal wöchentlich seinen

Abrichtekurs abhielt. Neil stieß eines der großen Tore auf und rief laut: „Dad! Bist du hier drin?"

Seine Stimme hallte zwischen den Holzbalken des hohen Dachstuhls wider, aber es kam keine Antwort. Neil blickte in den düsteren Raum und sah am anderen Ende nur die Ballen Stroh, aus denen sie den Hunden ihr Lager bereiteten.

Er zog die Tür wieder zu und ging über die Wiese zwischen Scheune und Rettungszentrum. Dieses bestand aus einem kleinen Block von zehn Verschlägen an der anderen Seite der Scheune und bot den Gästen, die ihnen zuliefen, genauso viele Annehmlichkeiten wie die Zwinger in den Blocks. Jeder Hund besaß einen bequemen Korb, etliches Hundespielzeug und einen Auslauf, um Bewegung zu machen.

Kate McGuire, das Mädchen, das für die Zwinger zuständig war, richtete einen der Verschläge für einen Neuankömmling her. Sie war hochgewachsen, schlank und blond und trug einen Pferdeschwanz. Sie liebte Hunde und konnte wunderbar mit ihnen umgehen.

„Hi, Kate", begrüßte Neil sie lächelnd. „Hast du Dad gesehen? Und für wen ist der Verschlag?"

Kate richtete sich auf und wischte sich die Hände an ihrem gelben Sweatshirt ab. „Dein Vater ist auf dem Übungsfeld", erwiderte sie, dann lächelte sie. „Aber wenn du wissen willst, wer unser neuer Besucher ist, wirst du warten müssen. Es ist eine Überraschung."

Neil runzelte die Stirn, aber er kannte Kate zu gut, um zu glauben, dass er ihr eine Antwort entlocken könnte. Während er noch darüber nachdachte, wer der Besucher sein konnte, schaute er in den nächsten Verschlag hinein. In ihm befand sich eine Promenadenmischung, ein Welpe, den die Parkers Blackie genannt hatten. Als Neil sich ihm näherte, sprang er am Drahtgitter hoch.

„Blackie! Hat Kate dir nicht genügend Aufmerksamkeit geschenkt?", lachte Neil und suchte in seiner Tasche nach einem der Leckerbissen, die er immer für die Hunde bereit hielt. Blackie verschlang ihn und sah Neil um weitere Häppchen bittend an. Neil streichelte seine Schnauze durch den Maschendraht. „Nicht jetzt", sagte er lächelnd.

In dem nächsten Verschlag schlief eine Spaniel-Hündin in ihrem Korb. Neben ihr befand sich ein

Deutscher Schäferhund, von Bob sagte, dass er unberechenbar sei. Neil fragte sich, ob der Hund vielleicht in der seltsamen Umgebung unglücklich war. Jedenfalls musste Neil in seiner Nähe vorsichtig sein, deshalb schob er schnell einen Leckerbissen durch den Maschendraht und trat zurück.

„Hat irgendjemand eine Ahnung, wer der Besitzer sein könnte, Kate?", fragte Neil.

Kate trat neben ihn und schüttelte den Kopf. „Noch nicht. Aber dein Vater hat der Polizei eine Beschreibung des Hundes gegeben." Sie ging zu einem anderen Verschlag und sah hinein. „Sieh mal, Neil. Das ist der kleine Kerl, der mir wirklich Sorgen macht."

In einem Winkel des Verschlags kauerte ein Hund, den Neil noch nie gesehen hatte – eine kleine, braune Promenadenmischung mit glattem Fell. Neil hockte sich hin. „Hallo, Junge", sagte er. „Wie heißt du denn? Komm her." Er hielt ihm einen Leckerbissen hin, aber der Hund kam nicht näher um ihn sich zu holen. Statt dessen winselte er und blickte mit feuchten Augen unglücklich zu Neil auf.

„He!", sagte Neil leise. „Es gibt hier nichts, wovor du Angst haben musst. Niemand wird dir etwas tun."

Sam schnupperte an Neils Hand – das hieß, dass er auch etwas wollte. Neil gab ihm grinsend nach, aber er beobachtete noch immer den Mischling in dem Verschlag.

Der Hund sah nicht so aus, als wäre er schlecht behandelt worden, aber es war etwas geschehen, das ihn sehr nervös machte.

„Ich kann mich nicht daran erinnern, wann ich zum letzten Mal einen so verschreckten Hund gesehen habe", sagte Kate.

„Mach dir keine Sorgen, Junge." Neil ließ den Leckerbissen durch das Gitter fallen und versprach: „Wir werden dich bald wieder in Ordnung bringen".

Er verabschiedete sich von dem kleinen Mischling, folgte Kate aus dem Rettungszentrum und schloss die Tür hinter sich.

„Was mich betrifft, war's das für heute", stellte Kate fest.

„Hast du heute Abend eine Verabredung?", grinste Neil.

Kate lachte. „Ha! Ganz daneben! Ich werde mich mit einem guten Buch hinlegen und die Beine hoch lagern."

Neil winkte ihr lächelnd nach, als sie auf ihrem Fahrrad davonfuhr. Dann schlenderte er zum Tor des Übungsfeldes, das an die Zwinger grenzte, und fragte sich, wer der neue Hund im Rettungszentrum war.

Neils Vater stand auf dem Feld und hatte gerade für den Hund, den er mithatte, einen Stock geworfen. Das Tier rannte schnell wie der Blitz dem Stock nach. Neil erkannte jetzt, dass es ein irischer Setter war. Er bewegte sich schön und fließend, und als die Strahlen der untergehenden Sonne auf das kastanienbraune

Fell des Hundes fielen, sah das seidige Haarkleid flammend rot aus. Neil pfiff leise bewundernd, als der Setter den Stock apportierte und wedelnd zu Bob gelaufen kam. Bob ergriff den Stock, streichelte den Setter, gab ihm ein Stück Hundekuchen und machte sich für den nächsten Wurf bereit.

„Dad!", rief Neil. „Ich bin hier!"

Sein Vater drehte sich um, sah Neil und ging zum Tor; der Setter folgte ihm bei Fuß.

Bob Parker war groß und breitschultrig und hatte dichtes, braunes Haar. Die Hunde waren sein Leben, aber obwohl Neil wusste, mit welcher Sorgfalt sein Vater sie betreute, hatte er nur selten gesehen, dass dieser einen Hund mit so viel Interesse und Stolz beobachtete wie den roten Setter.

„Er ist schön!" sagte Neil, als sein Vater den Setter in den Garten führte und das Tor hinter ihnen schloss. „Woher hast du ihn?" Er hockte sich hin und hielt dem Setter seine Hand hin, damit dieser sie beschnüffeln konnte. Doch als Neil den Hund näher betrachtete, merkte er, dass er ihn bereits kannte. „Das ist doch Red, nicht wahr? Ist er wieder bei uns untergebracht?"

Zuerst beantwortete Bob Neils Frage nicht, weil er zu sehr damit beschäftigt war zuzusehen, wie Red und Sam einander begutachteten. Red war Bob Parkers erster Gast gewesen, als er und seine Frau Carole vor über zehn Jahren die King Street Zwinger eröffnet hatten. Seither war Red mehrere Male bei den Parkers untergebracht worden, und Neil hatte sich mit dem schönen Hund angefreundet. Im Lauf der Jahre waren Bob und Jim Birchall, Reds Besitzer, ebenfalls Freunde geworden. Als Red den Collie stupste und sich an ihn schmiegte, konnte Neil deutlich sehen, dass Red ein fröhliches, freundliches Geschöpf war, dem es nichts ausmachte, mit anderen Hunden zusammen zu sein.

Neil und Bob gingen gemeinsam zu den Zwingerblocks zurück, und die beiden Hunde folgten ihnen Seite an Seite.

„Für wen hat Kate im Rettungszentrum einen Verschlag vorbereitet, Vater?", fragte Neil. „Red ist doch kein Notfall."

„Jetzt schon", erklärte sein Vater ernst. „Jim Birchall ist am Dienstag gestorben. Er hatte einen Herzanfall, der vollkommen unerwartet kam."

„Oh!" Neil war erschrocken und wusste nicht, was

er sagen sollte. Er hatte nie den Eindruck gehabt, dass Birchall alt war. Er strotzte vor Lebenslust und ging jeden Tag mit Red kilometerweit spazieren.

„Jims Schwester wusste, dass Red und ich uns immer gut vertragen hatten", fuhr Neils Vater fort, „deshalb rief sie mich zu Mittag an und fragte mich, ob ich ihn abholen würde."

„Was? Sie wollte ihn nicht behalten?", fragte Neil ungläubig.

„Sie kann Hunde nicht leiden", erklärte Bob. „Für sie sind sie widerliche, schmutzige Tiere." Er lächelte kurz. „Ich habe geglaubt, dass sie mich desinfizieren würde, bevor ich das Haus betreten durfte. Deshalb sieht es so aus, als müßten wir für Red ein neues Zuhause finden."

„Ein wirklich gutes", ergänzte Neil.

„Das beste."

Im Rettungszentrum führte Bob Red in den Verschlag neben dem kleinen, braunen Mischling. Red schnupperte neugierig herum.

„Mit Red wird alles glatt gehen, Neil", sagte Bob. „Er ist sehr freundlich und wird sich ohne Schwierigkeiten an einem neuen Ort zurechtfinden. Der kleine Kerl ist jedoch eine andere Sache." Er steckte die Hände in die Taschen seiner schäbigen Cordhose und blickte auf die Promenadenmischung hinunter. Der Hund kauerte immer noch im fernsten Winkel seines Verschlags, und der Leckerbissen, den Neil vorher hingelegt hatte, war noch immer unberührt.

„Den haben heute früh zwei Leute gebracht", erklärte Bob. „Sie fanden ihn, als er in ihrem Garten herumstreunte. Sie wohnen kilometerweit von jeder menschlichen Ansiedlung entfernt, also sieht es so aus, als hätte man ihn absichtlich ausgesetzt." In seiner Stimme lag Zorn. Nichts regte Neils Vater mehr auf, als wenn ein Hund schlecht behandelt wurde. „Ich weiß nicht, was sie ihm angetan haben, aber er ist unglaublich nervös. Er kommt nicht zu mir, er isst nicht und er will nicht spielen. Er sitzt einfach dort und zittert."

Vater und Sohn sahen zu, wie Red seinen Verschlag untersuchte. Als er damit fertig war, ging er zu dem Gitter, das ihn von dem Mischling trennte, und winselte leise und auffordernd. Der Mischling hob den Kopf, kam aber nicht aus seiner Ecke heraus.

„Überlassen wir es ihnen, einander kennen zu lernen", sagte Bob und verließ das Rettungszentrum. „Übrigens, Neil, willst du dem Kleinen einen Namen geben?"

Neil überlegte einen Augenblick. „Wir könnten ihn doch Whisky nennen?", schlug er vor. „Die Farbe stimmt genau."

„Red gewöhnt sich gut ein", berichtete Bob während er im Wohnzimmer der Parkers mit den *Compton News* in der Hand in seinen Lieblingsstuhl sank. Er machte eine Pause, dann sagte er: „Ich habe nachgedacht."

„Worüber?", fragte Carole.

„Über Red. Was würdet ihr alle davon halten, wenn wir ihm hier ein neues Zuhause gäben?"

Emily blickte mit leuchtenden Augen von ihrer Zeitschrift auf.

Sarah, Neils jüngste Schwester, die mit Sam auf dem Kaminvorleger spielte, quiekte: „Oh ja, er ist süß."

Neil sagte nichts, aber seine Lippen verzogen sich zu einem Lächeln.

„Bist du sicher, Bob?", fragte Carole. „Wir haben

immer gesagt, dass wir keine Hunde aus dem Rettungszentrum zu uns nehmen würden."

„Wir haben Sam genommen", sagte Neil.

Die Parkers hatten den verlassenen Sam als Welpen gefunden. Neil war damals sieben Jahre alt gewesen. Sam wurde Neils Hund – und sein bester Freund. Kein anderer Hund konnte Sams Platz bei Neil einnehmen, aber er mochte Reds selbstsicheres, umgängliches Wesen, und er wusste, dass sein Vater dem Setter sehr nahe stand.

„Sam ist *ein* Hund, Neil", sagte Carole. „Wenn wir nicht aufpassen, dann haben wir bald das ganze Haus voll. Ich weiß doch, wie ihr seid."

Sarah grinste breit. „Oh ja!", seufzte sie glücklich. „Jede Menge Hunde!"

Carole erschauerte und hielt sich die Hand vor die Augen. „Jede Menge Hunde? Es ist schon schlimm genug, drei Kinder zu haben! Das kommt nicht in Frage!"

„Aber Red ist nicht irgendein Hund", sagte Bob. „Wir kennen ihn gut, er war unser allererster Gast – also ist er etwas Besonderes. Außerdem ..." Er unterbrach sich wieder.

„Worum geht es, Dad?", fragte Emily besorgt.

„Red ist aktiv, aber er ist kein junger Hund. Er hat nicht mehr viele Jahre zu leben – höchstens drei. Ich hätte gerne das Gefühl, dass ich für ihn da war, als er mich brauchte."

Carole musterte die Gesichter rings um sie.

„Wir werden alle helfen", sagte Neil. „Ich kann mit ihm und Sam zusammen spazieren gehen. Sie haben sich bereits angefreundet. Es wird dir Spaß machen, Sam, wenn du jemanden hast, mit dem du spielen kannst, nicht wahr?"

Sam bellte zustimmend und klopfte mit dem Schwanz auf den Boden.

„Ich kann ihn pflegen", fügte Emily hinzu. „Ich werde es eben lernen."

Carole begann zu lachen. „Wie ich sehe, seid ihr alle gegen mich. Also gut. Vorschriften sind schließlich dazu da, hin und wieder gebrochen zu werden."

Sarah und Emily begannen gleichzeitig zu klatschen. Neil sprang auf, warf die Arme in die Höhe und rief: „Ja!" Dann fiel ihm etwas ein. „Mum", sagte er grinsend, „würdest du in die Schule kommen und meinem Lehrer, Mr Hamley, den Satz über das Brechen von Vorschriften vorsagen?"

Bevor Neil schlafen ging, dachte er darüber nach, dass sie jetzt noch einen Hund in der Familie hatten. Red war schön, lebhaft und intelligent. Neil konnte sich keine bessere Ergänzung für das Heim der Parkers vorstellen. Er wickelte sich in seine Decke ein und schaltete das Licht aus.

Neil schlief ein und träumte von Hunden – große Hunde, kleine Hunde, rote Hunde, schwarz-weiße Hunde und sogar leuchtend grüne Hunde mit gelben Flecken. Sie alle rannten um ihn herum. Das ganze Haus war voll von ihnen, genau wie seine Mutter es gesagt hatte. Und alle bellten. Neil wusste nicht, ob er sie wegschieben oder an sich drücken sollte. Er fragte sich, was geschehen würde, wenn sich eine Million Hunde gleichzeitig auf ihn draufsetzten.

Er erwachte und stellte fest, dass das Gebell Wirklichkeit war.

Es hörte sich an, als bellten alle Hunde in den Zwingern gemeinsam. Statt der Morgenröte drang flackerndes rotes Licht durch das Fenster.

Neil tastete sich zum Fenster und zog die Vorhänge zur Seite. Sein Zimmer ging auf den Hof hinaus, wo alles dunkel war. Das rote Licht kam von links, und als

Neil das Fenster aufmachte und sich hinausbeugte, sah er, dass aus dem Scheunendach Flammen schlugen. Neil schaute gebannt hin. Einige Sekunden lang war er starr vor Schreck. Dann rannte er durchs Zimmer, schnappte sich seine Jeans und stieß die Tür auf.

„Mum! Dad!" brüllte er. „Wacht auf! Rasch, die Scheune brennt!"

"Neil? Was ist los?" Carole Parkers Stimme war schlaftrunken, als sie aus ihrem Zimmer kam.

„Die Scheune brennt!", rief Neil drängend, während er die Treppe zum Telefon hinunterstolperte und sich gleichzeitig einen Pullover über den Kopf zog. Er rief den Notruf an.

Im ganzen Haus ging währenddessen das Licht an und seine Eltern traten in Aktion.

„Notruf. Worum geht es?"

Die gelassene Stimme des Telefonisten beruhigte Neil, der in der Diele stand und tief Luft holte.

„Feuerwehr!", keuchte er. Während er die wichtigsten Fragen beantwortete, liefen seine Eltern an ihm vorbei in die Küche. Er hörte, wie die Hintertür zufiel, als jemand hinausging.

Neil legte den Hörer auf und rannte in die Küche.

Durch die Rollladen an den Fenstern sah er ein schimmerndes rotes und gelbes Glühen.

„Gut gemacht, Neil", sagte seine Mutter, während sie sich die Schnürsenkel zuband.

Neil ging zur Küchentür, aber seine Mutter hielt ihn zurück. „Nein", sagte sie. „Du bleibst hier."

„Aber Mutter ..."

Bob tauchte wieder auf und brachte den Geruch von Rauch mit. Er unterbrach Neil und erklärte ihm schnell, aber ruhig. „Der Wind weht vom Haus weg. Ich glaube, dass die Zwinger in Sicherheit sind, aber die Flammen könnten das Rettungszentrum erreichen. Wir müssen die Hunde herausholen. Rasch!"

„Mutter?" Emilys Stimme kam vom oberen Ende der Treppe. „Was ist los, Mum?"

„Bleib drinnen, Emily. Sorge dafür, dass Sarah nicht herunterkommt", erklärte Carole. „Wir müssen einige Hunde übersiedeln."

Neil spürte plötzlich die feste Hand seines Vaters auf seinem Arm.

„Komm mit, Neil. Aber sei vorsichtig. Halte dich von den Flammen fern."

„OK. Ich werde aufpassen." Er schlüpfte in die

Sportschuhe, ließ die Schnürsenkel offen und folgte seinem Vater in die merkwürdige Wärme im Freien.

„Pass auf, dass Sam auch im Haus bleibt", rief Carole, während sie die Tür hinter sich schloss. Dann blieb sie stehen und fügte hinzu: „Und ruf Mike Turner an, Emily. Wir werden vielleicht einen Tierarzt brauchen."

Neil stürzte hinaus. Wirbelnde Asche und herumfliegende Kohlenstückchen erfüllten die Luft. Der Rauchgeruch brannte in seiner Nase, er hörte das Knistern des Feuers und spürte Hitzewellen auf seinem Gesicht.

Aus dem Dach der Scheune kamen Flammen und Rauchschwaden. Es sah wie das größte Freudenfeuer aus, das Neil jemals erlebt hatte. Das hintere Ende der Scheune stand schon total in Flammen und das Feuer drohte auf das Rettungszentrum überzugreifen.

Neil rannte an der Scheune vorbei und in das Rettungszentrum. Die Luft war von dichtem Rauch erfüllt und die Hunde gerieten in Panik und bellten verzweifelt. Bob hatte den Schäferhund aus seinem Verschlag geholt und an die Leine gelegt.

„... er ist gefährlich, wenn er frei herumrennt", sagte er gerade. Er musste schreien um die verängstigten Tiere zu übertönen. „Ich bringe ihn in den leeren Verschlag im Block Eins." Er führte den Hund hinaus, der knurrte und sich gegen die Leine wehrte.

Carole lief an Neil vorbei und öffnete Blackies Verschlag. Sie packte den sich windenden jungen Hund und legte ihn in Neils Hände. „Bring ihn ins Haus", sagte sie drängend. „Emily kann sich um ihn kümmern."

Neil schob den kleinen Hund in seine Jacke und sprintete zurück zur Küche. Sarah saß auf dem Fußboden und hatte einen Arm um den Teddybären und den anderen um Sam gelegt. Der Hund sprang sofort auf, als Neil hereinkam. Im Korridor telefonierte Emily.

„Nein, Sam", befahl Neil. „Setz dich. Bleib!"

Sam setzte sich gehorsam hin, sah aber enttäuscht aus. Neil zog den strampelnden Blackie aus seiner Jacke und legte ihn neben Sarah auf den Fußboden. „Hier, Krümel, spiel mit dem Kleinen."

Sarah strahlte vor Begeisterung und ließ Blackie auf ihren Schoß klettern. Neil lief wieder hinaus und ver-

suchte die Funken, die ihm ins Gesicht wirbelten, abzuwehren. Der Rauch war dichter geworden und Neils Augen begannen zu brennen.

Im Rettungszentrum befanden sich weder Bob noch Carole. Der Verschlag des Spaniels war leer. Neil nahm an, dass seine Mutter die Hündin bereits in einen Zwinger gebracht hatte. Neil griff nach der Leine, die an Reds Verschlag hing, öffnete die Tür und ging hinein. Red stand laut bellend drinnen, wurde aber sofort ruhig, als Neil ihn streichelte und die Leine an seinem Halsband befestigte. „Du bist ein braver Junge", sagte Neil beruhigend. „Brav, Red."

Er führte den Setter hinaus und öffnete Whiskys Verschlag. Der kleine Mischling drückte sich in die hinterste Ecke und winselte erbärmlich. „Es ist schon in

Ordnung, Junge", sagte Neil beruhigend. „Ich will dich herausholen."

Während Neil verzweifelt versuchte, Red zu halten und gleichzeitig den verschreckten Mischling hochzuheben, traf Emily ein. Sie keuchte und hustete in der von Rauch erfüllten Luft.

„Gib mir Red, Neil. Mike ist unterwegs", sagte sie, bevor er widersprechen konnte.

Neil drückte Emily dankbar die Leine in die Hand und ging zu Whisky hinüber. Als er sich bückte, fletschte der Hund tückisch die Zähne. Er knurrte, spitzte die Ohren, und als Neil erschrocken zurücktrat, schlüpfte Whisky an ihm vorbei und rannte aus dem Verschlag.

„Whisky!", rief Neil. „Komm her."

Es hatte keinen Sinn. Whisky verschwand laut bellend durch die Außentür. Neil rannte hinterher, und Emily folgte ihm, ohne jedoch Reds Leine loszulassen.

Im roten Licht der Flammen sah Neil, dass Whisky zum Haus lief. Neil folgte ihm. Dann erschien seine Mutter. Ihre Gestalt leuchtete orange im Schein der Flammen und sie lief mit einem Feuerlöscher in der Hand auf die Scheune zu.

„Fang Whisky!", rief ihr Neil zu.

Carole legte den Feuerlöscher hin und stürzte sich auf den Mischling, der auf sie zukam, aber er war zu schnell für sie. Er wich ihren Händen aus und änderte die Richtung. Der kleine Hund rannte an der Scheune vorbei in die dunklen Schatten in der Nähe des Hauses. Bob stolperte beinahe über ihn, als er von den Zwingerblocks um die Ecke gebogen kam. Whisky bellte noch immer wütend und lief zur Scheune zurück. Neil sprintete los und holte ihn ein, aber der Hund bog ab. "Lenk ihn ab", rief er Emily zu und fuchtelte mit den Armen.

Emily stürzte sich auf Whisky. Ihre Füße verhedderten sich in Reds Leine und der Setter riss sich los. Eine Sekunde lang glaubte Neil, dass Emily ihn fangen würde, aber der verängstigte Hund glitt ihr durch die Hände. Emily stürtzte zu Boden, und Whisky, der nur entkommen wollte, verschwand in dem Tor der lichterloh brennenden Scheune.

„Whisky!" Das Bellen der Hunde und das Knistern der Flammen dröhnte in Neils Ohren. Ohne zu denken folgte er Whisky in die Scheune.

Dichter Rauch lag schwer in der Luft und Neil konnte kaum etwas sehen. Vom anderen Ende kam ein stumpfes rotes Glühen. Der Lärm des Feuers machte ihn beinahe taub und er konnte Whisky weder sehen noch hören.

„Whisky! Whisky!", rief er. Er bedauerte, dass er den richtigen Namen des Hundes nicht kannte, denn auf den hätte er vielleicht gehört „Hierher! Hierher, Junge!"

Keine Antwort.

Neil ging unsicher weiter und versuchte, trotz des wallenden Rauches etwas zu sehen. Seine Augen tränten und er musste husten. Die Hitze wurde immer stärker, weil das Feuer sich vom anderen Ende der Scheune näherte.

Dann hörte Neil durch das Knistern des Feuers Whiskys verzweifeltes Winseln irgendwo rechts von ihm. Er bückte sich, fuhr mit den Händen über den Boden und bewegte sich auf das Geräusch zu. Er versuchte, den Hund noch einmal zu rufen, aber seine Worte gingen in einem Hustenanfall unter.

Das Winseln verstummte und Neil begann daran zu zweifeln, dass er Whisky jemals finden würde. Doch genau da berührte seine tastende Hand ein glattes, gesundes Fell. Er hörte, wie Whiskys Pfoten auf dem Boden kratzten, aber bevor ihm der Hund wieder entwischen konnte, packte Neil ihn am Halsband. „Dummer Köter", murmelte er.

Neil zitterte vor Erleichterung. Er klemmte sich Whisky unter den Arm, stand auf und drehte sich zur Tür. Dann blieb er stehen. Rings um ihn gab es nur Rauch und das gespenstische Leuchten der Flammen. Er wusste nicht, in welcher Richtung sich die Tür befand.

Neil bekam zum ersten Mal Angst. Er hatte sich wegen Whisky Sorgen gemacht, aber nicht um sich selbst. Jetzt schaute er nach rechts und links und versuchte mit brennenden Augen durch den Rauch zu spähen und den Weg hinaus zu finden.

In den wenigen Sekunden, in denen er Whisky gesucht hatte, hatte sich das Feuer sehr schnell ausgebreitet. Um ihn herum brannte es. Neil dachte an seine Mutter mit dem Feuerlöscher und wusste, dass er zu nichts nütze sein würde.

Er drehte sich in die Richtung, die er für die richtige hielt, und machte einige Schritte, aber die Hitze trieb ihn zurück. Er hob den freien rechten Arm um seine Augen zu schützen, und versuchte zu schreien, seinen Eltern zuzurufen, wo er sei, aber aus seiner Kehle drang nur ein heftiges Husten.

Er vernahm ein gedämpftes Geräusch, wusste aber nicht, aus welcher Richtung es kam.

Dann hörte er ganz in der Nähe einen Hund bellen. Nicht Whisky, der unter seinem Arm zitterte, sondern ein lautes, befehlendes Bellen aus einer anderen Richtung. Es kam immer näher, und Neil sah Red, durch den wirbelnden Rauch auf ihn zu laufen. Sein rötliches Fell glitzerte im Licht der Flammen.

„Red!"

Der Setter fuhr mit seiner warmen, rauen Zunge über Neils Hand, und dieser versuchte, ihn zu tätscheln. „Bist du gekommen, um mich zu retten?"

Red schlug seine Zähne in den unteren Rand von Neils Jacke und begann, ihn sanft zu ziehen.

Neil ließ sich von Red in eine Richtung leiten und stolperte in der Hoffnung weiter, dass er dort in Sicherheit sein würde. Der Rauch wurde dünner und eine große, dunkle, aber vertraute Gestalt, die sich ein Taschentuch über Nase und Mund gebunden hatte, tauchte auf. Bob Parker packte seinen Sohn und rief: „Ich habe ihn!"

Sekunden später stolperte Neil aus der Scheune in den Hof. Er krümmte sich, hustete und füllte die Lungen mit kalter, frischer Luft.

„Ist alles in Ordnung, Neil?", fragte Emily ängstlich.

„Tu nie wieder etwas so Dummes, Neil", rief seine Mutter. Dann schloss sie ihn in die Arme und drückte ihn an sich.

Plötzlich dröhnte etwas laut und die Flammen schlugen zum Himmel hinauf, als ein Teil des Scheunendachs zusammenbrach. Der Wind trieb einen Schwall von Rauch und Hitze vor sich her, so dass die Parkers aus der Nähe der Flammen zum Haus hin flüchteten.

Neil war glücklich, festgehalten zu werden, aber einige Sekunden später merkte er, dass Whisky wild zappelte. Er löste sich aus der Umarmung und wandte sich seinem Vater zu. Dieser hatte ein Seil als Rettungsleine verwendet, damit er und Neil den Weg aus der raucherfüllten Scheune finden würden. Jetzt rollte er das geschwärzte Seil auf.

„Dad, ich habe Whisky."

„Ich weiß, Neil", sagte Bob angespannt, "aber es war trotzdem dumm. Nicht einmal ein Hund ist dein Leben wert."

„Das weiß ich, und wenn Red nicht –" Neil hielt inne, als er die Sirene hörte, die sich von Compton her näherte. Sie wurde mit jeder Sekunde lauter, und kurz darauf bog ein Feuerwehrwagen in die Auffahrt ein. Die Sirene heulte noch immer und das Blaulicht blitzte. Mehrere Feuerwehrmänner tauchten auf und stürzten sich in die Arbeit.

Die Parkers traten zurück, damit die Feuerwehrmänner genug Platz für ihre Arbeit hatten. Es gab nichts mehr zu sagen, aber alle sahen gebannt weiterhin zu. Bob wischte sich mit dem Taschentuch das Gesicht ab. Sein Gesicht war mit Ruß und Asche bedeckt und auf seiner Stirne klaffte ein Schnitt, aus dem ein wenig Blut tropfte. Emilys Hände waren zerkratzt, weil sie beim Versuch, Whisky zu fangen, hingefallen war, und Neil spürte auf seinen Wangen und Armen das brennende Gefühl, den Flammen so nahe gewesen zu sein. Dem Jungen wurde allmählich klar, in welcher Gefahr er sich befunden hatte.

Während er schweigend zusah, wie die Feuerwehrleute arbeiteten, begann sich der straffe Knoten der Angst in seinem Bauch aufzulösen, und er fühlte sich erleichtert, weil alle Hunde gerettet waren. Jetzt war die Feuerwehr da und das Feuer würde sich nicht weiter ausbreiten. Die Wasserstrahlen dämpften die Flammen und ihr gelbes Leuchten wurde bereits stumpfer.

Doch plötzlich bemerkte Neil, dass etwas nicht stimmte. Ein Hund fehlte.

„Dad", sagte er und packte seinen Vater am Arm. „Hast du Red gesehen? Hast du gesehen, wo er hingelaufen ist?"

Sein Vater schüttelte den Kopf und blickte sich

rasch um. Auch Mutter und Emily begannen, sich in alle Richtungen umzusehen.

„Er hat mich gesucht und mir das Leben gerettet. Wenn er nicht gewesen wäre …"

Neil ließ seine Blicke über das Gebiet um den Feuerwehrwagen schweifen, aber es gab keine Spur von Red. Obwohl er es nicht über sich brachte, den Gedanken zu Ende zu denken, der ihm gerade eingefallen war, sah er zur brennenden Scheune hinüber.

„Red?"

Neil sah, wie die Feuerwehrleute eifrig arbeiteten, um das Feuer zu löschen. Der Trümmerhaufen knisterte und zischte, als sie ihre starken Wasserstrahlen auf die Glut richteten. Neil blickte verzweifelt um sich, aber von Red war nichts zu sehen.

Bob pfiff und rief: „Red! Red!"

„Wir müssen ihn finden", sagte Neil.

„Ich gehe hin", sagte Bob und näherte sich dem Feuer mit großen Schritten. Neil hörte, wie sein Vater im Gehen den Hund rief.

Neil bemerkte plötzlich, dass er Whisky noch immer festhielt. Der schüchterne Mischling war bis auf ein schwaches Zittern ruhig, atmete jedoch, als wäre er völlig erschöpft. Neil veränderte seine Haltung, um es dem Kleinen in seinen Armen bequemer zu machen, und streichelte seinen glatten Kopf.

„Kopf hoch, Junge", sagte er. „Du bist nicht daran schuld, nicht wahr?"

„Gib ihn mir", verlangte Carole. „Ich muss hineingehen und nach Sarah sehen. Ihr beiden bleibt bei eurem Vater. Seid vorsichtig – die Scheune ist noch immer gefährlich."

Das Feuer war beinahe gelöscht. Das Gebell aus den Zwingerblocks verstummte allmählich, doch in der Luft hingen noch Rauchstreifen, und der Geruch von verbranntem, nassen Holz klebte an Neils und Emilys Kleidung.

Sie gingen auf den Trümmerhaufen zu. Dunkle Stöße von geschwärztem Holz und gezackten Stümpfen waren alles, was von der Scheune übrig geblieben war.

Neil merkte plötzlich, wie müde er war: sein ganzer Körper schmerzte und sein Hals war entzündet, weil er so viel Rauch eingeatmet hatte. Er zwang sich weiterzugehen und stolperte auf die verstreuten Trümmer zu, hielt sich jedoch von der zusammengebrochenen Scheune fern und wich Wasserschläuchen aus, die am Boden lagen. Emily ging neben ihm. Sie platschten gemeinsam durch die Pfützen und traten halbverbranntes Stroh und durchweichte Knäuel von geschwärzten Zeitungen in die weiche Erde.

Die Feuerwehrleute hatten die letzten Brandherde mit Wasser getränkt und begannen, ihre Ausrüstung zu verstauen.

„Rührt nichts an", sagte einer von ihnen zu Neil und Emily, während er an ihnen vorbei ging.

Neil sah, dass sein Vater in den Trümmern stocherte, die nur zwei Meter vom anderen Ende der Scheune entfernt lagen, wo das Feuer am stärksten gewesen war. Er hatte Red natürlich noch nicht gefunden. Neil spürte, dass etwas überhaupt nicht stimmte. Wenn Red nichts geschehen wäre, würde er hier sein. Entweder war er geflüchtet oder er lag verletzt irgendwo oder er war tot. Neil wollte nicht an das Schlimmste denken.

Er und Emily trennten sich, um den Boden zwischen der Scheune und dem Rettungszentrum abzusuchen. Es würde noch eine Weile dauern, bis jemand in den eigentlichen Ruinen graben konnte um zu sehen, ob Red hier lag. Neil sah sich um, ob er Reds kastanienbraunes Fell irgendwo erspähen konnte.

Er hatte erst wenige Minuten gesucht, als ein Auto

stehen blieb. Er hoffte, dass es Mike Turner war, aber als er zur Auffahrt neben dem Haus blickte, sah er das Blaulicht eines Polizeiwagens.

Neils Vater machte sich auf den Weg zum Tor. Vielleicht war es verfrüht zu hoffen, dass Mike Turner bald kommen würde. Der Tierarzt hatte seine Praxis in Compton, aber er lebte in der nahe gelegenen Stadt Padsham und würde einige Zeit brauchen um hierher zu fahren.

Neil suchte weiter das geschwärzte Gras rings um die Überreste der Scheune ab.

Dann hörte er, wie Emily scharf die Luft einsog. Sie sah auf einen kleinen, dunklen Haufen am Boden. Zuerst nahm Neil an, dass es sich wieder um Trümmer handelte, doch er stapfte mühsam zu Emily und bückte sich. Es war Red.

Neil konnte die Veränderung kaum glauben. Der Setter lag regungslos auf dem nassen Boden. Sein Fell war durchweicht und mit Asche und Dreck verklebt. Jetzt war es nicht mehr kastanienbraun, sondern beinahe schwarz. Ein schwerer Balken war beim Zusammenbruch der Scheune auf Reds Hinterteil gefallen und hatte ihn an den Boden genagelt.

Emily rief um Hilfe und Bob kam herbeigerannt. Rasch hob er den Balken weg und kniete sich neben Red in den Schlamm.

Als er die Schnauze des Hundes berührte, bewegte sich Red, winselte und versuchte, den Kopf zu heben. Neil begann zu lächeln.

„Er lebt!"

„Aber er ist verletzt", erwiderte Bob ernst.

Red versuchte aufzustehen. Er erhob sich auf die Vorderbeine, aber seine Hinterbeine strampelten hilflos, und nach einem kurzen Kampf fiel er wieder in den Schlamm.

Bob legte ihm die Hand vorsichtig auf die Flanke. Red keuchte und litt offensichtlich große Schmerzen, weil er versucht hatte sich zu bewegen. Das Fell auf seinem Bauch war blutig.

„Ruhig, Junge", sagte Bob. „Lieg still. Neil, hol –"

Ein weiterer Wagen, der neben dem Haus hielt, erregte ihre Aufmerksamkeit.

„Das könnte Mike sein", sagte Emily. „Ich werde nachsehen."

Sie lief zum Tor und kam einen Augenblick später mit dem Tierarzt zurück, der seine Notfallausrüstung in der Tasche bei sich hatte. Mike Turners normalerweise fröhliches Gesicht sah erschüttert aus.

„Ich bin so rasch wie möglich hierher gefahren", sagte er im Näherkommen.

Er hockte sich neben dem Hund hin und seine erfahrenen Hände tasteten schnell Reds Glieder und seinen Körper ab. Red rührte sich nicht, winselte nur gelegentlich, während Neil und die übrigen auf Mikes Urteil warteten.

„Nicht gut", sagte er schließlich. Er stand auf und rieb sich die schläfrigen Augen. „Seine Hinterpfote ist gebrochen, aber ich fürchte, dass dies unsere geringste Sorge ist. Er hat in der Magengegend eine Verletzung erlitten. Es könnten innere Verletzungen vorhanden sein, und vielleicht ist auch sein Rückgrat beschädigt."

„Sie meinen, dass es gebrochen ist?", flüsterte Neil.

„Das kann ich nicht sagen. Ich muss ihn in der Praxis untersuchen, bevor ich meiner Sache sicher sein kann. Aber dazu kommt die Kälte, der schwere Schock, den er erlitten hat, der Rauch ..."

„Wird er am Leben bleiben?", fragte Emily.

Mike dachte nach. „Ja also, ich sage das wirklich

ungern … aber vielleicht wäre es das Beste für ihn, wenn ich ihn einschläfere. Bob?"

„Nein", protestierte Bob entschieden. „Wir müssen versuchen …"

Neil hatte seinen Vater noch nie so erregt gesehen. Er sorgte für alle Hunde, aber dies war ein weiterer Beweis dafür, dass Red für ihn etwas Besonderes war. Neils Hals war noch immer trocken und er krächzte: „Er hat mir das Leben gerettet. In der Scheune."

Mike sah ihn verständnislos an, fragte aber nicht nach. „Okay", sagte er sachlich. „Wir kämpfen." Er legte dem Setter die Hand auf den Kopf. „Bist du ein Kämpfer, Junge?"

Zwei Polizisten richteten starke Lampen auf die schwelenden Überreste der Scheune und fragten Bob, was genau geschehen war. Mike Turner schiente und verband Reds verletztes Bein und wickelte ihn in warme Decken. Neil half ihm, den Hund zum Wagen zu tragen. Während sie es Red bequem machten, kam Carole aus dem Haus.

„Ich lege ihn in die Intensivstation, Carole", sagte Mike. „Ich werde tun, was ich kann, aber sein Zustand ist nicht gut. Erwarte bitte nicht zuviel."

„Natürlich, Mike, danke. Aber ich möchte dir noch einen Hund zeigen. Er ist in der Küche. Hast du noch ein paar Minuten Zeit?"

Neil und Emily folgten ihrer Mutter und dem Arzt ins Haus. Whisky lag im alten Korbstuhl beim Küchenfenster und keuchte fürchterlich.

„Er hat wahrscheinlich zuviel Rauch eingeatmet", erklärte Mike nach einer schnellen Untersuchung. „Ich werde ihn auch mitnehmen. Ich glaube nicht, dass es ernst ist, aber ich werde ihn zur Sicherheit vierundzwanzig Stunden lang beobachten."

Als Neil die gute Nachricht hörte, begann er zu husten. Es wäre schrecklich gewesen, wenn noch ein Hund durch das Feuer schwer verletzt worden wäre.

Neils Mutter sah ihn besorgt an. „Ich sollte mich besser auch um dich kümmern, Neil. Du klingst nicht sehr gesund."

Als Mike fort war, versuchten die Parkers, sich nach all dem Schrecken zu entspannen. Die Feuerwehrleute waren gegangen, die Polizei hatte den Bereich der verbrannten Scheune für eine weitere Untersuchung am Morgen markiert, und alle Hunde aus dem Rettungszentrum waren versorgt. Den Spaniel und den unberechenbaren Schäferhund hatten sie vorläufig in leerstehenden Verschlägen in einem Zwingerblock untergebracht, aber für Blackie gab es keinen Platz mehr und so blieb er als Notfall-Schoßhund im Haus. Bob sagte, dass er sie alle später wieder zurück übersiedeln würde, sobald er das Rettungszentrum bei Tageslicht nach eventuellen Schäden abgesucht hatte.

Carole versprach Neil, am nächsten Morgen Dr. Harvey kommen zu lassen, um seinen Husten zu untersuchen. Neil behauptete, dass ihm nichts fehlte, aber er wusste, dass er dem Arztbesuch nicht entgehen konnte und erklärte sich widerwillig dazu bereit.

Carole schickte Neil und Emily unter die Dusche und anschließend ins Bett. Als Neil in seinen Pyjama schlüpfte, hörte er, dass ein oder zwei Hunde draußen noch immer heulten.

Er musste wieder an Red denken. Er dachte daran, wie ihn der tapfere Hund aus der brennenden Scheune gezogen hatte, und wie bemitleidenswert er ausgesehen hatte, als er verletzt und bandagiert im Kofferraum von Mike Turners Wagen gelegen war. Neil nahm an, dass er sich wegen Red viel zu viele Sorgen machen würde, um schlafen zu können. Doch

er schlief kurz nachdem er sich hingelegt hatte ein.

Als Neil aufwachte, schien die Sonne zum Fenster herein. Er wusch sich flüchtig, zog seine Sachen an und ging gähnend in die Küche. Zu seiner Überraschung war der Raum leer bis auf Sam, der auf dem Fußboden lag, und Blackie, der begeistert auf ihm herumkletterte. Sam hob mit Leidensmiene den Kopf, als wolle er sagen: „Erzähl niemandem, dass du mich dabei gesehen hast."

Neil lächelte und wollte gerade nachsehen, wo die anderen waren, als seine Mutter aus dem Büro kam.

„Gibt's was Neues über Red?", fragte er sofort.

Carole schüttelte den Kopf.

Neil folgte ihr wieder in die Küche. „Wo sind die anderen? Und was gibt es zum Frühstück?"

„Du meinst zum Mittagessen", stellte seine Mutter richtig. „Es ist beinahe zwölf."

Neils starrte sie mit offenem Mund an. „Aber ich komme zu spät in die Schule! Mr Hamley wird toben!"

Neils Lehrer an der Meadowbank Schule nahm es mit der Pünktlichkeit sehr genau. Er war ein strenger Mann, dem die Schüler den Spitznamen „Smiler" gegeben hatte, da er niemals lächelte.

„Mach dir keine Sorgen", beruhigte ihn seine Mutter. „Ich habe in der Schule angerufen. Euer Direktor gibt euch dreien heute frei. Er versteht unsere Situation. Und ich habe den Arzt gebeten, heute Nachmittag hier vorbeizukommen."

Neil zuckte die Achseln. „Na fantastisch!", sagte er sarkastisch. „Dann können wir heute wenigstens in den Zwingern helfen."

„Das wird Kate freuen", sagte Carole lächelnd. „Sie hat heute Morgen bereits wahre Wunder vollbracht, aber sie hat noch keine Zeit gehabt, mit allen

Hunden spazieren zu gehen. Sobald Emily aufwacht, könnt ihr beide eurem Vater helfen. Er hat das Rettungszentrum gereinigt. Ich glaube, er hat heute Nacht überhaupt nicht geschlafen."

Neil schenkte sich einen Becher Milch ein und trank ihn schnell aus, dann klappte er ein Marmelade-Sandwich zusammen, um es unterwegs zu essen.

„Komm jetzt, Junge", sagte er zu Sam. „Zeit für einen Spaziergang. Für heute hast du genug Babysitter gespielt."

Neil überquerte den Hof mit Sam bei Fuß und wollte sich nach Kate umsehen, aber als erstes traf er seinen Vater, der einen Mann zum eingeebneten Teil der Scheune wies. Der Fremde war groß, mager und grauhaarig. Er trug einen eleganten Anzug und eine Aktentasche. Neil wurde neugierig. Er wechselte die Richtung und folgte ihnen.

„Ich habe keine Ahnung", sagte Bob, als Neil in Hörweite gelangte. „Das Gebell weckte meinen Sohn mitten in der Nacht und er weckte alle übrigen. Inzwischen brannte die Scheune unglückseligerweise bereits lichterloh."

„Das stimmt", sagte Neil laut.

Der Fremde drehte sich um und sah Neil missbilligend an.

„Das ist Mr Pye von der Versicherungsgesellschaft, Neil", sagte sein Vater. „Er will sich vergewissern, was letzte Nacht geschehen ist."

Mr Pye stellte seine Aktentasche auf den Boden, nahm einen Notizblock heraus und schrieb sich etwas auf. „Sie haben also keine Ahnung, wieso das Feuer ausbrach? Hmmm ..."

Er ging weiter zu den Trümmern und stieg mit seinen polierten Schuhen vorsichtig zwischen die Pfützen. Bob und Neil folgten ihm, und Neil bemerkte, dass sein Vater besorgt war.

Mr Pye blieb am Rand des verkohlten Gerippes der Scheune stehen, betrachtete es und machte sich weitere Notizen.

Neil starrte es ebenfalls an. Bei Tageslicht sah er das Ausmaß der Verwüstung deutlicher. Die Scheune war in sich selbst zusammengestürzt, und das große Gebäude, das sich einst weit über seinen Kopf erhoben hatte, war jetzt nicht mehr als einen Meter hoch.

„Wofür wurde das Gebäude verwendet?" fragte Mr Pye und unterbrach damit Neils Gedanken.

„Hauptsächlich für den Abrichtekurs", erwiderte Mr Parker. Er erklärte, dass die Besitzer ihre Hunde zweimal wöchentlich zu den Unterrichtsstunden brachten. „Und zum Teil als Lagerraum", schloss er.

„Was wurde hier gelagert?"

„Stroh für die Lager der Hunde", erklärte Neils Vater. „Und einige alte Zeitungen."

„All das ist äußerst leicht brennbar, Mr Parker", sagte Mr Pye. „Ein Funke und alles steht in Flammen. Was ja auch passiert ist."

„Die Scheune wurde von der Feuerpolizei überprüft", sagte Neils Vater.

„Zweifellos. Zweifellos. Und von wo kam der Funke, hmm? Was ist mit den Leuten, die zum Unterricht kommen? Konnte einer von ihnen ein Zigarette fallen gelassen haben?"

„Der letzte Unterricht fand Mittwochabend statt", erwiderte Mr Parker. „Mehr als vierundzwanzig Stunden, bevor das Feuer ausbrach. Außerdem ist weder in der Scheune noch in den übrigen Räumlichkeiten oder sonstwo hier das Rauchen erlaubt. Das mache ich allen unseren Kunden sehr klar."

„Ich verstehe." Mr Pye drehte sich zu Neil um.

„Und was ist mit dir, junger Mann? Keine rasche Zigarette, wenn dein Vater dich nicht sehen kann, was?"

„Nein." Neil wurde vor Empörung rot. „Ich rauche nicht. Und selbst wenn ich es täte, wäre ich nicht so dumm, auf einem Strohhaufen zu rauchen!"

Bob legte Neil die Hand auf die Schulter. Das hieß *Bleib ruhig*, so deutlich, als hätte er es ausgesprochen.

„Mir ist das Feuer genauso ein Rätsel wie Ihnen, Mr Pye," wiederholte Bob.

„Hmmm ..." Mr Pye wandte seinen wissbegierigen Blick ihm zu. „Das Geschäft geht gut, nicht wahr, Mr Parker? Keine finanziellen Probleme? Keine Schulden?"

Neil verstand die Frage nicht, aber ihm war klar, dass sein Vater sie verstand. Dieser drückte Neils Schulter fester, bevor er ihn losließ, und sagte ruhig: „Keinerlei Probleme, Mr Pye."

„Ich verstehe." Mr Pye machte sich weiter eifrig Notizen, während Neil seinen Vater verständnislos ansah. Dieser schwieg weiterhin mit steinernem Gesicht.

Schließlich sprach Mr Pye wieder. „Ich muss Ihnen sagen, Mr Parker, dass ich nicht zufrieden bin. Die Versicherungsgesellschaft kann erst zahlen, wenn wir die Ursache des Brandes festgestellt haben. Ich werde einige Kollegen am Montag hierher schicken, um eine genauere Untersuchung durchzuführen. Ich wäre Ihnen dankbar, wenn das Gelände unberührt bleibt, bis wir unseren Bericht verfasst haben. Auf Wiedersehen, Mr Parker."

Mr Pye griff nach seiner Aktentasche, steckte seinen Notizblock ein und ging zum Tor. Bob sah ihm nach und weigerte sich, ihn zu seinem Wagen zu begleiten.

„Ich möchte wissen", murmelte Vater leise. „Habe ich dort etwas liegen gelassen? Ich versuche nachzudenken ..."

Neil hörte ihn und sagte: „Das ist unmöglich, Vater. Du bist gerade mit solchen Dingen äußerst sorgfältig."

Neils Vater zuckte die Achseln. „Die Polizei war heute früh wieder da. Sie stocherten stundenlang überall herum. Vermutlich glauben sie auch, dass ich schuld daran bin."

Neil gefiel der besorgte Tonfall in der Stimme seines Vaters nicht. „Was hat Mr Pye gemeint? Dass du Schulden hast?"

Bob schaute zu Boden. Neil war über den wütenden Gesichtsausdruck seines Vaters entsetzt, denn dieser wurde fast nie zornig. „Ich glaube, dass Mr Pye der Meinung ist, ich hätte das Feuer gelegt, um von der Versicherung Geld zu bekommen."

„Was!" Neil ballte die Fäuste und ging auf das Tor zu, aber inzwischen war Mr Pye verschwunden.

Bob lachte kurz, aber es klang nicht komisch. „Ihn zu verprügeln löst das Problem auch nicht, Neil." Er seufzte. „Aber wenn die Versicherungsgesellschaft nicht zahlt, werden wir die Scheune nicht wieder aufbauen können. Und wenn sie oder die Polizei behaupten, dass ich nachlässig war, wird der Gemeinderat meine Konzession nicht erneuern. Dann könnte es sein, dass wir die Zwinger zusperren müssen."

Neil sah seinen Vater besorgt an, weil dieser die Schultern hängen ließ.

Bob steckte die Hände in die Taschen und trat nach einem Stück verbranntem Holz. „Na schön, was spielt es für eine Rolle? Vielleicht hat es ohnehin keinen Sinn weiterzumachen."

Neil und Emily machten sich wegen ihres Vaters Sorgen. Bob Parker war der fröhlichste, ausgeglichenste Mensch, den sie je gesehen hatten. Er war nie deprimiert, selten zornig, und er kümmerte sich hingebungsvoll um die King Street Zwinger und um alle Hunde, die hierher kamen. Wie konnte er überhaupt nur daran denken, all das aufzugeben? Die Vorstellung, dass ihr Dad so etwas auch nur in Betracht ziehen könnte, bereitete ihnen wirklich Sorgen.

Während des Essens sprach Bob kaum. Sein Schweigen beeinflusste die Stimmung aller Anwesenden, und es war eine der traurigsten Mahlzeiten, die Neil jemals erlebt hatte. Er versuchte zu flüstern statt zu sprechen, aber schließlich verstummte er ganz.

Sie räumten gerade nach dem Essen ihre Teller weg, als im Vorraum das Telefon läutete. Carole ging hin, und als sie zurückkam, wirkte sie fröhlicher. „Das war Mike Turner", verkündete sie. „Er hat Red in die Intensivstation gebracht und sagt, dass er sich etwas stabilisiert hat. Seine Verletzungen sind noch immer sehr schwer, aber Mike hält es für möglich, dass er durchkommt."

„Eine Chance ist besser als gar nichts", sagte Emily und versuchte zu lächeln. „Er hält das durch. Er überlebt."

„Red wird natürlich längere Zeit dort bleiben müssen", fuhr Mutter fort. „Aber Whisky geht es sehr gut und wir können ihn abholen, wann wir wollen."

Vater brummte. „Ihr solltet jetzt gehen", sagte er leise. „Jim Birchalls Begräbnis findet um vier Uhr statt, und ich brauche den Range Rover, wenn ihr zurückkommt."

„Willst du denn nicht mitkommen, Dad", protestierte Neil, „und Red besuchen?"

Bob sah ihn unsicher, beinahe schuldbewusst, an. Das bereitete Neil noch mehr Sorgen. Machte sich sein Vater Vorwürfe, weil Red verletzt worden war?

„Diesmal nicht", sagte Bob. „Ich habe Verschiedenes zu erledigen."

Neil und Emily fuhren mit ihrer Mutter zur Intensivstation, und je mehr sie sich Compton näherten, desto unruhiger wurden sie.

Janice, die Empfangsdame und Krankenschwester des Tierarztes, begrüßte sie. „Mike ist bei einem Patienten", erklärte sie. „Eine Katze mit einer Augeninfektion. Er wird in ein paar Minuten bei Ihnen sein. Wollen Sie direkt in die Intensivstation gehen?"

Neil war ein- oder zweimal in der Intensivstation der Arztpraxis gewesen, aber jeder neuerliche Besuch erfüllte ihn mit Angst. Es bedeutete, dass ein Hund schwer verletzt war, und für Neil war dies das Allerschlimmste. Die Intensivstation war so, wie Neil sich einen Operationssaal vorgestellt hatte: alles war weiß oder metallisch glänzend und es roch überall nach Desinfektionsmitteln.

Jedes Tier war in einem eigenen beheizten Käfig untergebracht, an dem eine Tafel hing, auf der die jeweiligen Verletzungen und die bisherige Behandlung standen. Der ganze Bereich war sauber und ruhig, und Mike verpasste den Tieren die bestmögliche Behandlung. Trotzdem deprimierte der Raum Neil.

Red war der einzige Patient in der Intensivstation.

Er lag schlafend in seinem Käfig auf einer geheizten Unterlage. Neil hielt ihn zuerst für tot, aber dann sah er, dass sich der Körper des Hundes beim Atmen hob und senkte. An seiner rechten Vorderpfote war eine Infusion befestigt, und sein gebrochenes Hinterbein steckte in einem Gipsverband. Über dem Bauch war ein Teil seines Fells abrasiert worden und den nackten Fleck bedeckte ein weißes Pflaster.

„Was ist hier geschehen?", fragte Neil laut.

In diesem Augenblick näherten sich Schritte und Mike Turner kam herein. „Ein großer Splitter von dem Balken, der ihn getroffen hat, hat eine tiefe Wunde im Magen verursacht. Seine inneren Verletzungen waren so schwer, dass ich sofort operieren musste. Er ist genäht worden, aber ..."

„Wird er durchkommen?", fragte Emily ängstlich.

„Ich weiß es nicht", erwiderte Mike. Er schüttelte den Kopf, zögerte kurz und fuhr lebhafter fort: „Er war unterkühlt und er hatte Blut verloren. Aber er ist ein kräftiger Hund und er ist gut gepflegt worden. Das Rückgrat ist nicht verletzt worden, aber ich will ehrlich sein: es ist noch nicht klar, wie das Ganze ausgeht."

Neil und Emily schauten in Reds Käfig, während

ihre Mutter die Notizen studierte, die an dem Käfig befestigt waren.

„Komm schon, Junge", sagte Neil. „Du kannst gesund werden – du musst!" *Du musst es für Vater tun*, fügte er stumm hinzu.

„Und was ist mit Whisky?", fragte Carole.

„Ach ja." Mike rieb sich nachdenklich das Kinn. „Hier stellt sich ein Problem anderer Art. Körperlich fehlt ihm nichts, aber ... kommt und seht ihn euch an."

Neil, Emily und Carole folgten Mike hinter den Operationssaal, wo Mike ein paar kleine Verschläge für Tiere hatte, die darauf warteten, von ihren Besitzern abgeholt zu werden. Whisky befand sich im ersten Verschlag, zu dem sie kamen. Er kauerte im hintersten Winkel und sah verschreckt drein.

„Er zittert, seit er bei uns ist", sagte Carole. „Und ich glaube nicht, dass ihm das Feuer gut getan hat. Ich hole den Tragekorb."

Neil war nicht überrascht, dass es einige Zeit dauerte, Whisky in den Korb zu setzen. Nicht einmal Emilys gutes Zureden half viel. Der kleine braune Hund fletschte noch immer die Zähne und knurrte jeden an,

der ihn berühren wollte. Neil wusste, dass der kleine Hund nicht wild war, sondern dass er nur Angst hatte und sich verteidigen wollte. Doch es würde erst dann möglich sein, einen neuen Besitzer für ihn zu finden, wenn er gelernt hatte, den Menschen wieder zu vertrauen.

Als Carole mit dem Range Rover in die Auffahrt bei der King Street einbog, öffnete Bob das Tor, das zu den Zwingern führte. Er wirkte fremd, denn er trug für das Begräbnis einen dunklen Anzug mit weißem Hemd und dazu eine schwarze Krawatte.

Hinter ihm ging eine Frau, die einen Foxterrier an der Leine führte. Neil wusste, dass der Hund erst seit einigen Tagen bei ihnen war und eigentlich noch gar nicht abgeholt werden sollte. Als Neil und Emily aus dem Wagen sprangen, hörten sie, wie die Frau ihren Vater wütend beschimpfte.

„Ich konnte es nicht fassen, als ich davon gehört habe! Die ganze Anlage hätte abbrennen können. Sie sind es nicht wert, sich um meinen Hund zu kümmern, Mr Parker!" Sie zog ihren Hund zum Wagen, stieg ein, und bevor sie die Tür zuschlug, fuhr sie fort: „Und ich werde allen meinen Freunden erzählen, wie es in der King Street zugeht, darauf können sie sich verlassen!" Die Frau fuhr so schnell davon, dass der Kies unter den Reifen wegspritzte.

Bob Parker rieb sich den Nacken. „Schön, also diesen Hund werden wir nicht wieder sehen. Wenigstens war er kein Stammgast."

Neil traute seinen Ohren nicht, als er die heftige Reaktion der Frau hörte.

„So eine Frechheit", keuchte Emily.

„Red ist operiert worden, Dad", sagte Neil, um seinen Vater aufzumuntern. „Mike sagte, dass es ihm wirklich besser geht. Seine Wirbelsäule ist nicht verletzt, und Mike meint, dass er kräftig ist und es vielleicht schaffen wird. Und wir haben Whisky mitgebracht. Ich möchte …"

„Es tut mir Leid, Neil, aber dafür habe ich jetzt keine Zeit", sagte er grob. „Ich muss zu einem Begräbnis gehen." Er stieg in den Range Rover ein, als Carole ausstieg. „Bin zum Abendessen wieder da", sagte er. Carole hatte gerade noch Zeit, Whiskys Tragekorb herauszuheben, dann startete Bob das Auto und fuhr fort.

Carole verschwand ins Haus und Neil und Emily standen vor dem offenen Tor.

„Das sieht Dad nicht ähnlich", sagte Emily.

„Ich weiß. Hat er dir noch etwas darüber gesagt, dass er die Zwinger aufgeben will?" Emily schüttelte den Kopf und schwieg. „Ich habe dir doch erzählt, wie aufgeregt er war, als der Kerl von der Versicherung hier war, nicht wahr? Ich kann nicht glauben, dass sie ihn verdächtigen, er habe seine eigene Scheune niedergebrannt, um das Versicherungsgeld zu bekommen. Und wenn die Leute beginnen, ihre Hunde abzuholen …" Neils Stimme zitterte und er zuckte die Achseln. „Komm jetzt, sehen wir nach, wohin wir Whisky stecken sollen."

Als Neil und Emily durch das Tor in den Hof gingen, trafen sie Kate McGuire, die aus dem Zwingerblock

Zwei kam. Wie immer munterte sie die beiden auf. Diesmal trug sie einen orangefarbenen Schal, den sie um ihre langen blonden Haare gebunden hatte, und dazu einen buntgestreife, ausgebeulten Sweater.

„Ihr bringt Whisky zurück", sagte sie und kam Neil und Emily entgegen. „Er kann wieder im Rettungszentrum wohnen. Wenn ihr wollt, bringe ich ihn hin."

„Er ist ein bißchen nervös", warnte sie Neil.

„Können wir dir helfen?", fragte Emily.

„Gerne", sagte Kate, „ich habe es bis jetzt nicht geschafft, alle Hunde spazieren zu führen. Wenn ihr ein paar mitnehmen könntet, wäre das großartig."

„Klar", antwortete Neil. „Wir sagen Mum, dass wir für einige Zeit fort sind."

Sie ließen Whisky bei Kate und gingen zurück zum Haus, wo Carole gerade den Computer einschaltete.

„Fein", sagte sie, als Neil ihr erzählte, was sie vorhatten. „Das gibt mir Gelegenheit, den Papierkram zu erledigen."

Neil zögerte, dann fragte er: „Hat Dad mit dir darüber gesprochen, dass er die Zwinger aufgeben will?"

Mutter sah beide an und seufzte. „Euer Vater ist

außer sich. Feuer ist etwas Ernstes, und unser Versicherungsanspruch muss durchgehen, sonst können wir es uns nicht leisten die Scheune wieder aufzubauen. Jetzt ist auch noch sein Freund gestorben, und die Tatsache, dass es Red so schlecht geht, hat ihn noch mehr aufgeregt." Sie versuchte zu lächeln. „Lasst ihm ein wenig Raum, okay?"

„Aber Mum", sagte Emily, „du wirst doch nicht wirklich zulassen, dass Dad aufgibt, oder?"

„Mach dir keine Sorgen, wir werden alles besprechen, bevor irgendwer irgendwas entscheidet. Nur denkt an eines, ihr beiden – das ist eine sehr harte Arbeit. Niemand kann sie tun, wenn er nicht mit dem Herzen dabei ist."

Als Carole das Abendessen fertig gekocht hatte, war Bob immer noch nicht nach Hause gekommen. Sie stellte das Essen warm, aber Sarah war hungrig und begann unruhig zu werden. Es war beinahe schon ihre Schlafenszeit.

„Jetzt wird gegessen!", entschied Carole und rief Neil und Emily zu Tisch.

Als Neil sich setzte, hatte er den Verdacht, dass seine Mutter versuchte zu verbergen, wie große

Sorgen sie sich um ihren Mann machte. Sie versuchte ihre Angst hinter einer Fülle von Aktivitäten zu verstecken. Als das Essen fertig war und alle saßen sagte sie: „Dads Portion werde ich ins Backrohr stecken. Ich bin sicher, dass er bald kommt."

Kaum hatten alle ein paar Bissen gegessen, erschien Bob in der Hintertür. Neil fand, dass er jetzt noch müder aussah als nach dem Feuer. Er durchquerte den Raum und setzte sich schwerfällig hin. Er rieb sich mit den Händen langsam und schweigend das Gesicht.

„Es tut mir Leid, dass ich so spät gekommen bin", sagte er endlich. Es klang, als zwinge er die Worte heraus. „Ich musste bleiben und Jims letzten Willen hören. Er hat mir etwas hinterlassen."

Neil wollte nicht fragen, was es war. Er musste immer daran denken, dass es vielleicht genügend Geld war, um die Scheune wieder aufzubauen. Vielleicht würde das Vater dazu ermutigen, weiterzumachen, so dass alles wieder seinen gewohnten Lauf nehmen würde. Aber er sagte nichts. Vater wusste bereits, woraus sein Vermächtnis bestand, und er sah nicht ermutigt aus.

„Was hat er dir hinterlassen, Bob?", fragte Carole leise.

„Red. Er hat mir Red hinterlassen."

Neil hielt die Luft an und sah, wie entsetzt auch Emily aussah. Beide wussten, wieviel das ihrem Vater einen Tag zuvor noch bedeutet hätte. Aber jetzt? Nach allem, was geschehen war?

„Jim wusste, dass ich Red sehr gern hatte", fuhr Bob fort. „Er hat mir sogar ein wenig Geld für seinen Unterhalt hinterlassen." Er seufzte und rieb sich wieder das Gesicht. „Ich nehme nicht an, dass er geglaubt hat, dass ich Red im Stich lassen würde, noch bevor er unter der Erde ist."

„Das hast du nicht", protestierte Emily. „Du kannst nicht –"

„Sprechen wir von etwas anderem, ja?"

Neil senkte den Kopf und konzentrierte sich auf seine Mahlzeit.

Plötzlich läutete es an der Tür. Neil sprang auf, um sie zu öffnen. Er war erleichtert, der eisigen Stille, die beim Essen herrschte, zu entkommen.

Er kannte den Besucher nicht. Es war ein kleiner, etwas dicklicher Mann mit dünnem schwarzen Haar. Er

trug grüne Stiefel und einen teuren Tweedanzug über einer gelben Weste.

„Hallo, junger Mann", sagte er.

Neil mochte seine gekünstelte, joviale Stimme nicht und mochte es auch nicht, wenn man ihn „junger Mann" nannte. „Kann ich mit deinem Vater sprechen?"

„Es tut mir Leid", erwiderte Neil eisig. „Die Zwinger sind bis morgen früh geschlossen."

„Ja, aber es geht hier nicht um die Zwinger", sagte der Mann leicht verärgert. „Also rufe bitte deinen Vater, sei ein braver Junge."

Neil mochte es noch weniger, wenn man ihn „braver Junge" nannte. Er drehte sich um und rief durch den Korridor nach seinem Vater. Einen Moment später kam Bob Parker an die Tür.

„Ja?" Der Fremde ergriff Bobs Hand und schüttelte sie kräftig. Neil blieb in der Nähe, weil er wissen wollte, wer der Fremde war. Er wechselte einen Blick mit Emily, die aus der Küche aufgetaucht war, und zuckte die Achseln, als sie ihn fragend ansah.

„Guten Abend, Mr Parker", sagte der Besucher. „Oder darf ich Sie Bob nennen? Wir haben einander noch nicht kennen gelernt, aber ich sehe sie öfters hier in der Gegend. Ich heiße Philip Kendall. Ich habe vor kurzem die Old Mill Farm übernommen. Mein Besitz grenzt an den Ihren."

Bob nickte. „Oh – ja." Er klang, als begriffe er nicht ganz, was man ihm sagte. „Ich habe von Ihnen gehört, Mr Kendall. Was kann ich für Sie tun?"

Philip Kendall lächelte und Neil hatte instinktiv das Gefühl, dass das Lächeln falsch war.

„Es geht eher darum, was ich für Sie tun kann. Ich habe gehört, dass Sie vergangene Nacht Schwierigkeiten gehabt haben, Bob, und ich habe einen Vorschlag für Sie. Darf ich herein kommen und mit Ihnen darüber sprechen?"

„Es tut mir Leid, Mr Kendall, aber im Augenblick kommt es mir nicht gelegen."

„Unsinn, Mann", fuhr ihn Kendall an. „Für ein Geschäft ist jede Zeit die richtige. Nur so hat man Erfolg. Ich möchte Ihnen ein Angebot machen." Als Bob noch immer nicht antwortete, fügte er scharf hinzu: „Ich will Ihr Land kaufen. Und ich bin bereit einen guten Preis dafür zu bezahlen."

Bob Parker schwieg einen Augenblick lang in Gedanken versunken. Philip Kendalls Angebot, die King Street Zwinger zu kaufen, kam für ihn völlig überraschend.

Neil starrte seine Schwester mit großen Augen an. Was der Mann gerade gesagt hatte, war ein Schock für ihn.

„Es ist besser, wenn Sie in mein Büro kommen", sagte Bob ruhig und trat hinaus. „Dort entlang." Kendall lächelte, und Bob führte ihn zum Büro, das sich an der anderen Hausseite befand. Neil hörte, wie die Tür geschlossen wurde.

„Neil! Komm und iss dein Abendessen auf." Die Stimme seiner Mutter hallte im Korridor wider.

Neil kehrte in die Küche zurück und setzte sich. Emily griff wieder nach ihrer Gabel. Sie sah blass und elend aus. Alle aßen schweigend weiter bis auf Sarah, die glücklich von ihrem Ballettunterricht am nächsten Tag plapperte.

„Zeit zum Schlafengehen, Sarah", sagte Carole plötzlich. Sie ließ Sarah keine Zeit zum Widersprechen, sondern hob sie aus ihrem Stuhl und ließ sie die Treppe hinauf verschwinden.

„Gute Nacht, Neil. Gute Nacht, Emily", schallte es von der Stiege in die Küche.

Neil schlang die Reste seines kalten Abendessens hinunter ohne es wirklich zu schmecken. Er konnte sich nicht vorstellen, dass sein Vater jemals auch nur daran denken würde, die King Street Zwinger zu verkaufen. Er hatte angenommen, dass sie immer hier leben würden. Er hatte angenommen, dass er in das Geschäft seines Vaters einsteigen würde, sobald er mit der Schule fertig war. Anscheinend hatte er viele Dinge als selbstverständlich angenommen, und nicht damit gerechnet, dass Veränderungen auftreten könnten.

„Ich will nicht, dass Dad an diesen Mann verkauft", murmelte Emily. „Er ist nicht einmal ein richtiger Farmer."

„Woher willst du das wissen?"

„Er ist so angezogen, wie ein Farmer seiner Meinung nach angezogen sein muss", antwortete Emily. *„Er weiß es nicht.* Und auf seinen Stiefeln klebt kein Schlamm. Er ist in seinem ganzen Leben nie einem schlammigen Feld in die Nähe gekommen!"

Neil hätte gelacht, wenn er sich nicht solche Sorgen gemacht hätte. Emily hatte Recht.

„Dad wird nicht verkaufen", sagte er so gelassen wie möglich. „Dem nicht! Niemandem! Wohin sollten wir gehen?"

Emily zuckte die Achseln und antwortete nicht.

Neil legte seine Gabel weg und leerte seine Essensreste in Sams Schüssel, die auf dem Boden stand. Sollte der Hund doch die Reste aufessen! Während sie den Tisch abräumten, hörten sie, dass ihre Mutter hinunterkam und ins Büro ging.

„Mum würde nicht zulassen, dass Dad verkauft", sagte Neil. Er wollte es glauben, aber plötzlich war er sich nicht mehr so sicher.

Emily ließ Wasser in das Spülbecken laufen und spritzte Spülmittel hinein. Nachdem Neil ihr eine Minute lang zugesehen hatte, stand er auf und holte ein Geschirrtuch. Geschirrspülen war besser, als nichts zu tun und sich Sorgen zu machen.

„Es ist komisch, weißt du?", fragte Emily plötzlich.

„Was ist komisch?" Das war das letzte Wort, das Neil verwendet hätte, um ihre derzeitige Situation zu beschreiben.

„Warum kommt dieser Mann gerade jetzt und bietet ihm an, die Zwinger zu kaufen? Sofort nachdem die Scheune abgebrannt ist. Wenn Vater … nicht er selbst ist."

Neil hielt ein Glas in der Hand und starrte sie an. Er begann zu begreifen. Es war ein merkwürdiger Zufall. Noch nie zuvor hatte jemand gesagt, er wolle die Zwinger kaufen. „Ja also …", sagte er schwach. „Vielleicht hat er immer vorgehabt, Dad ein Angebot zu machen."

„Und vielleicht weiß er mehr, als er sagt. Er stand ganz schön schnell vor unserer Tür, oder? Vielleicht hatte er selbst die Scheune in Brand gesetzt."

„Na, na, nur sachte, Emily …"

„Niemand weiß, wieso das Feuer ausbrach", stellte Emily fest.

„Du hast mir gesagt, dass der Versicherungsmann

nicht zufrieden war. Er glaubte sogar, dass Dad es getan hatte!"

Neil trocknete weiterhin die Teller ab. Das, was Emily sagte, machte Sinn. Es fiel ihm schwer, sich den Möchtegern-Farmer Philip Kendall als Verbrecher vorzustellen, aber es war wirklich seltsam, dass sein Angebot gerade jetzt kam – zu dem einzigen Zeitpunkt, an dem sein Vater bereit sein würde ihm zuzuhören. Vielleicht war es mehr als Zufall. Vielleicht versuchte Kendall zumindest, die Zwinger billiger zu bekommen, weil Bob in Schwierigkeiten steckte. „Wir könnten nie beweisen, dass er das Feuer gelegt hat", sagte er.

„Wir können es versuchen", meinte Emily. „Wenn auch nur die geringste Möglichkeit besteht, dass Dad ihm die Zwinger verkauft, müssen wir es versuchen."

Minuten später hörten Neil und Emily, wie die Bürotür aufging. Kurz danach wurde auch die Vordertür geöffnet und wieder geschlossen. Man hörte langsame Schritte hinaufgehen, und ihre Mutter kam wieder in die Küche.

„Oh, danke", sagte sie herzlich, als sie bemerkte, dass die Kinder das Geschirr gespült und den Tisch abgeräumt hatten. „Das ist wirklich eine Hilfe." Carole, die für gewöhnlich tüchtig und voller Energie war, sah plötzlich müde aus, und als sie sich an den Küchentisch setzte, seufzte sie und schüttelte den Kopf.

„Eine Tasse Tee, Mum?", schlug Emily vor.

„Bitte." Carole schaffte es zu lächeln. „Es war ein langer Tag."

Emily stellte den Teekessel auf.

„Wo ist Dad?", fragte Neil. „Was geschieht jetzt? Wird er verkaufen? Wo werden wir –"

Carole hob die Hand, um der Flut von Fragen Einhalt zu gebieten. „Euer Vater ist schlafen gegangen. Er war länger auf den Beinen als irgendeiner von uns. Aber wir brauchen nicht in Panik zu geraten. Es ist nichts entschieden worden."

„Aber er hört auf diesen Mann", stöhnte Emily. „Bevor all das geschehen ist, hätte Dad ihm einfach gesagt, er solle abhauen."

„Warum will Mr Kendall überhaupt die Zwinger haben?", fragte Neil. „Er hat doch selbst eine Farm."

„Er will seinen Landbesitz vergrößern und besseren Zugang zur Compton Road bekommen. Ich glaube, dass er einen seiner Manager in unser Haus setzen will. Mr Kendall arbeitet nicht selbst auf der Farm – das tun andere für ihn."

„Aber Mum! Wir können das Haus nicht einfach verlassen!"

Emily nickte Neil zu, als wolle sie sagen: *„Ich hatte mit meiner Ansicht über Mr Kendall Recht!"*

„Ich will keine Fremden in unserem Haus", erklärte Neil. „Das ist unser Heim. Überhaupt – was würde Vater tun, wenn er die Zwinger verkauft?"

„Das weiß ich nicht." Carole lächelte Emily zu, als diese den Tee vor sie hinstellte. „Danke, Liebes." Sie trank den Tee und seufzte lang. „Ich habe euch ja gesagt, dass wir noch über vieles reden müssen. Nichts wird überstürzt geschehen. Lasst eurem Vater ein paar Tage Zeit, damit er den Schock überwindet. Vielleicht sieht er dann alles anders."

Vielleicht aber auch nicht, dachte Neil für sich.

Der nächste Tag war ein Samstag. Carole fuhr mit Sarah zum Ballettunterricht, während Neil und Emily Kate bei der Morgenfütterung halfen und die Hunde spazieren führte.

Bob kam nicht zum gemeinsamen Frühstück.

Als sie die letzten Hunde nach dem Morgenspaziergang zurückgebracht hatten, wandte sich Kate an Neil und Emily und erklärte ihnen, dass Whisky ihr Leid tat. „Ich glaube, dass er jemanden braucht, der ihn liebt. Sehen wir einmal, was wir für ihn tun können. Vielleicht würde es euren Vater ein wenig aufheitern, wenn wir den Hund wieder zum Lächeln bringen könnten."

Neil und Emily begrüßten die Abwechslung und gingen zum Rettungszentrum. Dabei kamen sie an den verkohlten Resten der Scheune vorbei. Einige Teile davon waren mit orangefarbenem Klebeband gekennzeichnet und andere mit Plastik bedeckt.

Whisky kauerte noch immer in der Ecke seines Verschlags. Er hatte die Schüssel mit Futter kaum angerührt, die Kate ihm zuvor hingestellt hatte. Kate nahm seine Leine vom Haken an der Außenseite des Verschlags.

„Überlasst ihn mir. Eure Eltern wären nicht sehr begeistert, wenn ich zulasse, dass er euch beißt."

„Er ist nicht gefährlich", protestierte Emily. „Er hat nur Angst, das arme Ding."

„Und das heißt, dass er beißen würde, wenn er das

Gefühl hätte, in die Ecke gedrängt zu werden", sagte Kate. Sie betrat den Verschlag und sprach beruhigend auf den kleinen Mischling ein. Whisky knurrte zuerst, zog die Lefzen hoch und klemmte den Schwanz zwischen die Beine, aber schließlich konnte Kate ihn soweit beruhigen, dass er sich an die Leine legen ließ. Er hatte noch keine Lust, die Sicherheit seines Verschlags zu verlassen, und zog sich zurück, sobald Kate versuchte, ihn herauszulocken.

„Bringt doch Blackie", schlug sie Neil vor. „Dadurch würde Whisky auf die richtige Idee kommen. Nicht einmal Whisky kann vor Blackie Angst haben!"

Kate hatte noch nicht fertig geredet, da öffnete Emily bereits die Tür zu Blackies Verschlag. Der kleine Welpe hüpfte zu ihr, und als sie sich hinhockte, um die Leine zu befestigen, kletterte er auf sie hinauf und leckte ihr das Gesicht ab.

„Runter mit dir!", schimpfte Emily. „Dämlicher Hund!"

Blackie missverstand sie sofort, rollte sich auf den Rücken und streckte die Pfoten in die Luft, damit man seinen Bauch kraulen konnte.

„Ein bißchen Training würde ihm auch nicht

schaden", sagte Neil grinsend, als er die beiden beobachtete.

Neil, Emily und Kate brachen zum Übungsfeld auf. Beide Hunde zogen an ihren Leinen. Blackie wollte so schnell wie möglich dorthin und Whisky wollte in die Sicherheit seines Verschlags zurückkehren. Neil pfiff nach Sam, der sofort zu ihm gelaufen kam. Sobald Neil die Leine befestigt hatte, ging Sam brav bei Fuß neben ihm her. Irgendwer musste diesen unerzogenen Hunden ja schließlich zeigen, wie man sich richtig benimmt!

Auf dem Übungsfeld bemühte sich Emily, Blackie das Bei-Fuß-Gehen beizubringen. Das erwies sich als schwierig, weil der schwarze Welpe sich zu sehr dafür interessierte, was um ihn herum vorging. Er wollte einfach lieber einem faszinierenden Geruch nachlaufen oder seinen eigenen Schwanz jagen. Neil gab seiner

Schwester gelegentlich einen Rat, während Sam Blackies Mätzchen tolerant beobachtete.

Neils Gedanken wanderten zu Red, der allein in Mike Turners Intensivstation lag und um sein Leben kämpfte. Neil nahm sich vor, den Tierarzt anzurufen, sobald er mit den Hunden auf dem Feld fertig war.

Kate war mit Whisky nicht sehr erfolgreich. Der braune Mischling duckte sich zitternd ins Gras und reagierte auf keinen ihrer Befehle. Es war sogar beinahe unmöglich, ihn dazu zu bringen, dass er aufstand. Auch Neils Vorschläge und Überredungskünste nützten nichts. Neil fand, dass beide Hunde den Abrichtekurs seines Vaters gut brauchen könnten.

Dann fiel ihm etwas anderes ein. „Was geschieht jetzt mit den Unterrichtsstunden, wenn die Scheune abgebrannt ist?", fragte er.

„Das weiß ich nicht", erwiderte Kate. „Dein Vater hat mir nichts gesagt."

Neil und Emily sahen einander an. Es gab sehr vieles, das Kate noch nicht wusste, und Neil fühlte sich nicht wohl bei dem Gedanken, dass er vor einer so guten Freundin Geheimnisse hatte.

„Die nächste Stunde ist für morgen früh geplant",

sagte Emily. „Wenn das Wetter gut ist, könnten wir sie hier draußen abhalten."

Neil antwortete nicht. Natürlich hatte Emily Recht. Aber es ging nicht nur um das Problem, wo man den Unterricht abhalten sollte. Er fragte sich, ob Vater ihn überhaupt abhalten wollte.

Als Blackie sich ein bißchen ausgetobt hatte, versuchte Emily, ihr den Befehl „Sitz" beizubringen. Sie kam nicht sehr weit. Blackie zog es bei weitem vor, auf dem Rücken zu liegen und die Beine zu schwenken oder sich im Gras zu wälzen. Als sie endlich auf Befehl saß – und Neil nahm an, dass sie es nur deshalb tat, weil sie zufällig Lust hatte zu sitzen – lobte Emily sie ausgiebig und erzählte ihr, was für ein großartiger Hund sie war. Dem Kleinen gefiel die Aufmerksamkeit.

„Hör jetzt auf", sagte Kate. „Beende den Unterricht immer, wenn der Hund etwas richtig gemacht hat. Auf diese Art wird er auch nächstes Mal lernen wollen."

Neil hätte gern das Gleiche für Whisky gemacht, aber der nervöse kleine Hund reagierte überhaupt nicht. Er und Kate versuchten es noch einmal, diesmal mit „Bleib" und „Komm". Es war nicht schwierig,

Whisky zum Bleiben zu bringen, aber er wollte zu keinem von ihnen kommen, wenn sie ihn riefen.

Schließlich beendete Kate den Unterricht.

„Das reicht für heute", sagte sie. „Ich glaube nicht, dass wir heute weiterkommen."

Sie führten die Hunde in das Rettungszentrum zurück. Emily hatte einige Fortschritte dabei gemacht, Blackie zu überreden, neben ihr herumzuhüpfen, aber Whisky zog noch immer gegen die Leine und wollte Kate nicht in die Nähe kommen.

Als sie um die Ecke von Block Zwei bogen, sah Neil seinen Vater, der mit den Händen in den Taschen dastand und traurig die Reste der Scheune anstarrte. Er wirkte unglücklich, aber es war eine Erleichterung, ihn im Freien und mit seiner alten Cordhose und dem King Street Zwinger Sweatshirt bekleidet zu sehen. In seinem dunklen Begräbnisanzug mit der schwarzen Krawatte hatte er ganz anders ausgesehen.

„Dad", sagte Emily, die sich beim Näherkommen an ihr letztes Gespräch auf dem Feld erinnerte. „Was ist mit dem morgigen Abrichtekurs? Willst du ihn auf dem Feld abhalten? Kann ich Blackie mitbringen?"

Bob sah sie nicht an. „Morgen gibt es keinen

Unterricht", antwortete er. Seine Augen waren glasig. „Ich habe eure Mutter gebeten, einen Rundruf zu starten und allen zu sagen, dass der Unterricht bis auf weiteres entfällt."

Niemand antwortete.

Neil wagte nicht, seinen Vater zu fragen, ob der Unterricht für immer vorbei war.

„Ich könnte bei Whisky Hilfe brauchen", sagte Kate und brach damit endlich das Schweigen. „Das arme kleine Ding sitzt einfach zitternd da. Ich glaube nicht, dass irgendwer den Hund in diesem Zustand aufnehmen würde."

Bob drehte sich um und blickte eine Minute lang auf den sich duckenden Hund hinunter. „Wenn dieser Hund nicht in die Scheune gelaufen wäre", sagte er langsam, „wäre Red nie verletzt worden." Er beobachtete Whisky noch eine Minute lang, dann ging er wortlos zum Haus zurück.

Neil starrte ihm nach. In ihm erwachte eine dunkle, hohle Angst. Er hatte noch nie erlebt, dass sein Vater einem Hund, der ihn brauchte, buchstäblich den Rücken kehrte.

6

"Neil! Was machst du da?" Einige Stunden später ging Emily zu ihrem Bruder und zog ihn von den Bürofenstern fort.

Neil legte den Finger auf die Lippen und deutete ihr, sie solle schweigen. "Ich höre Mum und Dad zu. Ich wollte Mike Turner vom Bürotelefon aus anrufen, als ich hörte, dass sie darüber sprachen, was sie tun würden", flüsterte er. Dann spitzte er wieder die Ohren und belauschte weiterhin seine Eltern.

"Warum hast du das nicht gleich gesagt?", zischte Emily. "Rück weiter und lass mich auch zuhören." Sie kroch neben ihn und nahm ebenfalls einen Beobachtungsposten ein.

Ihre Eltern trugen im Büro eine hitzige Diskussion aus.

"Das ist unser Zuhause", sagte Carole. "Die Kinder

sind in einer guten Schule und eine Unterbrechung und der Verlust der Freunde würde für sie schrecklich sein."

„Er bietet einen guten Preis, Carole", erwiderte Bob. „Ich sage nur, dass wir es uns vielleicht ernsthaft überlegen sollten."

„Und was dann? Wenn wir die King Street verkaufen, wie werden wir dann leben, und wo werden wir leben?"

„Wir können Arbeit finden. Wir haben beide bereits als Angestellte gearbeitet."

Neil konnte sich den wütenden Gesichtsausdruck seiner Mutter vorstellen.

„Nachdem du dein eigener Herr gewesen bist? Du würdest es hassen, Bob. Du weißt es."

„Ich bin nicht so sicher, Carole …" Bob klang müde und entmutigt.

„Vielleicht bin ich der Arbeit hier einfach nicht mehr gewachsen. Du hast gesehen, was diese Woche passiert ist."

„Das ist Unsinn und du weißt es."

Trotz seiner Besorgnis grinste Neil. Endlich kämpfte seine Mutter!

„Du wirst hier in Compton gebraucht, Bob. Rings um uns gibt es niemand anderen, der tut, was wir tun. Wir können nicht einfach aufgeben und fortgehen."

„Das ist alles schön und gut, aber wenn die Versicherungsgesellschaft uns keinen Schadenersatz zahlt und wenn der Gemeinderat mir die Konzession, hier meinen Beruf ausüben zu dürfen, nicht erneuert, bin ich sowieso erledigt."

Sein Vater klang so mutlos, dass Neil plötzlich nicht mehr zuhören wollte. Er wandte sich von der Bürotür ab und lief zur Küche hinüber. Emily folgte ihm langsamer. Während sich Neil einen Schokoladekeks und ein Glas Orangensaft holte, nahm Emily sich einen Bleistift und ein Blatt Papier, setzte sich an den Tisch, kaute an dem Bleistift und dachte wütend nach.

„Was machst du?", fragte Neil.

Emily blickte auf. „Ich finde, wir sollten uns überlegen, wie wir zu Geld kommen könnten. Wenn sie nicht bereit sind, Dad das Versicherungsgeld zu geben, können wir vielleicht die Scheune selbst wieder aufbauen." Sie beugte sich neuerlich über das Papier und begann wieder zu schreiben. „Wir könnten einen Flohmarkt veranstalten, oder vielleicht bekommen wir eine Unterstützung um irgendetwas zu tun, oder wir könnten die Hunde anderer Leute spazieren führen …"

„Nein, das ist sinnlos", unterbrach sie Neil. „Wir würden es nie schaffen. Chris Wilsons Vater hat vergangenes Jahr eine neue Garage gebaut, und er hat gesagt, dass es ihn beinahe drei Monatslöhne gekostet hat. Ein kleines Vermögen für eine Garage! Was glaubst du, würde es kosten eine Scheune zu bauen, die dreimal so groß ist? Denk realistisch, Emily."

Emily wurde rot und die Tränen stiegen ihr in die Augen. Sie knüllte das Papier zusammen und schleuderte es durch die Küche. „Ich versuche wenigstens, mir etwas einfallen zu lassen."

„Es tut mir Leid", sagte Neil. „Aber ehrlich …"

Sam tappte durch die Küche und beschnupperte den Papierball. Dann packte er ihn mit den Zähnen und brachte ihn Emily zurück. Er wollte auch an dem neuen Spiel teilnehmen. Emily begann plötzlich zu lachen. „OK, das war also dumm", sagte sie. „Aber es muss etwas geben, das wir tun können."

Neil kaute an seinem Keks und dachte nach.

„Wir werden nie genügend Geld für die Scheune verdienen", sagte er. „Weder mit der Schule noch mit allem, was wir hier tun. Wir würden es nicht einmal in einer Million Jahre zusammenkratzen. Aber vielleicht würden die Menschen etwas spenden … Erinnere dich, was Mum gesagt hat – ‚Sie brauchen uns hier in Compton'."

„Stimmt."

„Denk nur an all die Leute, denen Mum und Dad schon geholfen haben. Vielleicht werden sie uns jetzt helfen, wenn wir Hilfe brauchen."

Emily lächelte wieder und ihre Augen leuchteten. Sie schnappte sich ihren Bleistift und ein weiteres Blatt Papier.

„Wen sollen wir fragen?"

Neils und Emilys Liste war beinahe zwei Seiten lang, als Carole wieder in die Küche kam. Emily war so eifrig damit beschäftigt, alle Namen, die ihr einfielen, aufzuschreiben, dass sie ihre Mutter gar nicht bemerkte.

„Wir können Jake Fielding dazu bringen, in den *Compton News* etwas über uns zu schreiben", sprudelte Emily heraus. „Er wird die Story vom Brand sicher bringen wollen, und wir könnten ihm all die herzzerreißenden Geschichten über die armen Hunde erzählen, die Hilfe brauchen. Ich rufe ihn sofort an."

„He! Langsam!", sagte Carole, als Emily den Stuhl zurückschob und sie beinahe über den Haufen rannte.

„Tut mir Leid, Mum", entschuldigte sich Emily. „Aber ich habe einen Auftrag zu erfüllen."

„Das habe ich gehört. Leider ist der bereits erfüllt", erwiderte Carole.

„Was?", fragte Neil ungläubig. „Wieso?"

„Jack war gestern Morgen, als ihr noch im Bett

wart, hier. Er bekam die Story und machte eine Menge Fotos. Sie erscheinen mit allen gräßlichen Einzelheiten am nächsten Freitag in den *Compton News*."

„Aber wir wollen, dass er die Leute bittet uns zu helfen", sagte Emily.

Mutter runzelte die Stirn. „Was habt ihr beiden vor?"

Emily erklärte ihren Plan, alle Freunde der King Street Zwinger zusammenzutrommeln.

„Ja, also …" Carole war unsicher. „Ich möchte nicht, dass ihr um Geld bittet. Das kommt nicht in Frage. Außerdem ist Geld nicht unser größtes Problem."

Nein, dachte Neil. *Es ist Dad.*

Emily sah drein, als würde sie am liebsten auch das zweite Stück Papier durch die Küche werfen. „Wir versuchen nur, zu helfen."

„Ich weiß. Glaubt nicht, dass ich nicht dankbar bin. Aber … erzählt einfach den Leuten, was geschehen ist, OK? Was sie dann tun, ist ihre Sache."

Am frühen Abend radelten Neil und Emily nach Compton, um Red zum ersten Mal seit Freitagabend zu besuchen. Sie hofften verzweifelt, dass sich sein Zustand am Wochenende gebessert hatte, und trafen voller Hoffnung und Erwartung in Mike Turners Praxis ein.

Obwohl es am Samstag keine offiziellen Besuchszeiten gab, war Mike da und erledigte die liegengebliebene Schreibarbeit. Er führte Neil und Emily in die Intensivstation. Red lag nach wie vor auf der Matte in seinem Käfig, und an seiner Pfote war noch immer die Infusion befestigt.

„Geht es ihm ein bisschen besser?", fragte Emily ängstlich.

„Unverändert", antwortete Mike. „Es ist noch zu früh. Aber er ist ein bisschen kräftiger."

Als Neil den Hund genauer betrachtete, glaubte er, einen Unterschied zu bemerken. Als sie den Setter das letzte Mal besuchten, hatte er ausgesehen, als wäre er tot. Jetzt sah Neil, dass Reds Atmen viel gleichmäßiger und stärker war, und obwohl seine Augen geschlossen waren, sah es eher wir normaler Schlaf aus.

„Er ist ein entschlossener Kerl", sagte Mike. „Das hab' ich mir gedacht. Irish Setter wurden als Jagdhunde gezüchtet. Bei jedem Wetter im Freien. Er ist nicht so verwöhnt wie ein Schoßhündchen. Er ist zäh."

„Dürfen wir ihn streicheln?", fragte Emily.

Mike Turner nickte und öffnete die Käfigtür. Emily streckte die Hand hinein und sreichelte sanft Reds Kopf. Der Hund öffnete die Augen, drehte den Kopf ein wenig und leckte schwach über ihre Hand.

„He, großartig", rief Neil. Er griff vorsichtig in den Käfig und versetzte Red einen leichten Klaps. Der Setter wimmerte leise, schloss die Augen und schlief wieder ein.

Mike Turner grinste. „Glaubt nicht, dass jetzt alle Schwierigkeiten vorüber sind. Er hat noch einen langen Weg vor sich."

„Mike", begann Neil während sie den friedlichen Hund betrachteten. „All das bereitet Vater wirklich Sorgen …" Er berichtete über die Schadenersatzklage und über Philip Kendalls Angebot, die Zwinger zu kaufen.

„Deshalb müssen wir Red durchbringen", fügte Emily hinzu, als ihr Bruder verstummte.

„Und ihr wollt ein bißchen Unterstützung zusammentrommeln?", fragte Mike. „Gut, ich bin dabei. Eine Menge von den Kunden eures Vaters kommen bei mir vorbei, und ich werde mit jedem sprechen, von dem ich annehme, dass er bereit ist zu helfen. Ich werde euch wissen lassen, was die Leute meinen, dass sie tun können."

„Danke", sagte Neil.

Emily nahm ihre Namensliste aus der Tasche und hakte Mikes Namen ab.

Mike lachte. „Jetzt ist alles in Ordnung, Neil", sagte er und sah Emily an. „Deine Public Relations-Chefin kümmert sich schon darum!"

Als sie Red in der Intensivstation zurückließen und hinaustraten, hatte Neil trotz des Abendnebels das Gefühl, dass die Sonne herausgekommen war. Der Tierarzt hatte zwar nur eine vorsichtige Diagnose gestellt, doch Neil war davon überzeugt, dass Red wieder gesund werden würde. Und alles andere würde ebenfalls gut werden. Es musste gut werden.

7

Am Montagnachmittag traf Neil Emily nach der Schule auf dem Spielplatz. Sie hatten auf dem Heimweg zur King Street einige Besuche geplant und ihrer Mutter gesagt, dass sie später nach Hause kommen würden.

„Was für ein hektischer Tag!" Neil tat, als würde er sich die Stirn abwischen. „Alle haben vom Feuer gehört. Ich glaube, dass ich heute in der Schule das beliebteste Kind war."

„Du auch?", erwiderte Emily. „Genieße deine Berühmtheit, solange sie anhält, Neil Parker. Am Ende der Woche wirst du wieder das ulkige Hundekind sein."

Neil lachte. „Da hast du vollkommen Recht. Aber eine Menge Menschen sagten, dass sie uns helfen würden, wenn wir es brauchten. Hasheem und noch einige Jungs boten an, beim Wiederaufbau der Scheune zu helfen, wenn wir es tun."

„Ja? Das ist großartig. Aber fangen wir zuerst den größten Fisch, ja? Wer befindet sich an der Spitze der Liste?"

„Mrs Smedley vom Zeitungsladen steht ganz oben – aber Marjorie Foster ist die Nächste. Wenn wir sofort hingehen, müsste sie noch in ihrem Büro sein", schlug Neil vor.

„OK! Gehen wir!"

Marjorie Foster arbeitete für eine öffentliche Anwaltsfirma namens White und Marbeck. Ihr Vater hatte zu Beginn des Jahres beinahe seinen schönen, aber ungestümen Hund Assja verloren, weil jemand zu Unrecht behauptet hatte, der Collie greife Schafe an. Neil und Emily hatten hart gearbeitet, den Collie und den alten Mann wieder zusammenzubringen. Beide lebten jetzt in einem Wohnheim, und die Kinder waren der Ansicht, dass Mr Fosters Tochter ihnen einen großen Gefallen schuldete.

Das Büro von White und Marbeck befand sich auf Comptons Marktplatz. Neil und Emily stiegen die engen, staubigen Treppen bis zum obersten Stock hinauf und läuteten bei der Rezeption. Eine ältere Dame kündigte Mrs Foster ihren Besuch durch die Sprechanlage und führte die beiden durch einen Korridor in einen großen, hellen Raum. Die Wände waren über und über mit Bücherregalen und Täfelungen bedeckt und der Raum wirkte eher wie ein überladenes Wohnzimmer als wie ein Büro.

Marjorie Foster war eine Dame mittleren Alters. Ihr braunes Haar war ordentlich frisiert. Sie war groß und schlank und trug ein elegantes blaues Kostüm.

„Hallo", sagte sie, als Neil und Emily den Raum betraten. Sie klappte ein großes, ledergebundenes Buch zu und setzte sich. „Ich habe euch lange nicht mehr gesehen. Was kann ich für euch tun?" Sie bedeutete Neil und Emily sich ihr gegenüber auf der anderen Seite des Schreibtisches hinzusetzen.

Emily erzählte rasch, was seit den entsetzlichen frühen Morgenstunden des Freitags in den King Street Zwingern vorgefallen war. Mrs Foster hörte aufmerksam zu und wirkte sichtlich gerührt, als Neil und Emily sagten, dass sie sich Sorgen um Red und auch um das Schicksal der Zwinger machten. Sie schrieb schnell eine Notiz, als Emily den Namen Philip Kendall erwähnte, und kehrte zu diesem Punkt zurück, als der Bericht zu Ende war.

„Warum sagte Mr Kendall, er wolle die Zwinger kaufen?", fragte Mrs Foster mit gerunzelter Stirn.

„Mum sagte, er wolle das Land bebauen, und im Haus solle ein Manager leben. In unserem Haus", sagte Neil empört.

Marjorie missbilligte das sichtlich.

„Hm. Sehr interessant. Tatsächlich sehr interessant." Dann lehnte sie sich zurück und musterte Neil und Emily genau.

„White und Marbeck haben oft mit juristischen Streitfällen zu tun, wo es um Grundstücke und um die Veränderung ihrer Nutzung geht. Manchmal stimme auch ich trotz meiner Stellung hier solchen Veränderungen nicht zu. Wenn ihr Zeit habt, möchte ich euch eine kleine Geschichte erzählen."

Neil und Emily sahen einander an.

„Es gab einmal einen sehr reichen Mann", begann Marjorie Foster.

Neil war verwirrt. Hielt Mrs Foster sie für kleine Kinder, die man mit Märchen unterhalten musste?

„Der reiche Mann wollte noch reicher werden",

fuhr Mrs Foster fort. „Und er kaufte eine Farm dicht neben einem kleinen Landstädtchen – "

„Wie Compton?", unterbrach Emily sie. Sie begann zu begreifen, was Mrs Foster versuchte, ihnen zu erzählen.

„Ja, irgendwo wie Compton. Aber der reiche Mann wollte das Land gar nicht bebauen. Er wollte es mit großem Gewinn an einen anderen reichen Mann weiter verkaufen, der sein Geld damit verdiente, dass er Supermärkte baute. Beide nahmen an, dass ein Supermarkt außerhalb der Stadt genau das war, was die kleine Stadt brauchte."

„Kommt nicht in Frage!" Neil sprach lauter als ihm klar war.

„Sie unterbreiteten ihre Pläne dem örtlichen Gemeinderat", fuhr Marjorie Foster fort. „Aber der Gemeinderat lehnte es ab, die Erlaubnis zu erteilen. Die Leute im Rat fanden wahrscheinlich, dass die Idee an sich gut war, dass aber die Farm, die er verkaufen wollte, nicht nahe genug bei der Hauptstraße war. Und es war auch nicht genügend Platz für einen Parkplatz vorhanden. Da wurde der reiche Mann sehr zornig, weil er jetzt seine Farm nicht verkaufen und keinen großen Gewinn einstecken konnte. Die Geschichte endet damit, dass der Mann dachte, er könne vielleicht einen zweiten kleinen Grundbesitz kaufen, der dicht daneben lag – „

„Sie meinen die King Street Zwinger!" Neil konnte nicht anders, er musste wieder unterbrechen. Er wusste nicht mehr, wann er das letzte Mal so wütend gewesen war. „Und der reiche Mann ist Philip Kendall, nicht wahr?"

Mrs Fosters Gesichtsausdruck blieb neutral. „Das habe ich nicht gesagt, Neil. – Ich –"

„Er will die Zwinger kaufen und einen Supermarkt bauen!" Emily war rot vor Zorn. „Und einen Parkplatz!"

„Das kann er nicht tun. Komm, Emily, wir müssen mit Mum und Dad darüber reden." Neil stand auf. „Danke, dass Sie es uns gesagt haben, Mrs Foster."

Marjorie Foster blickte zu ihm auf und stützte das Kinn in die Hände.

„Ich bin Anwältin. Vertraulichkeit ist mein Beruf. Denkt daran – ich habe euch heute außer einer Geschichte überhaupt nichts erzählt. Ich habe keinen Namen genannt."

„Ich verstehe!" Neil grinste jetzt. „Trotzdem danke. Wiedersehen!"

Als er und Emily das Büro verließen, schlug Marjorie Foster ihr Buch wieder auf. Auf ihrem Gesicht lag etwas wie ein zufriedenes Lächeln.

Als Neil und Emily in der King Street eintrafen, entdeckten sie, dass ihre Eltern im Lagerraum zwischen den beiden Zwingerblocks Inventur machten. Bob saß am Tisch und las laut eine Liste von Gegenständen vor, während Carole die Regale überprüfte.

„Mum! Dad!", rief Neil atemlos. „Ihr müsst uns zuhören."

„Das stimmt", erklärte Emily. „Ihr könnt aufhören, alles zusammenzuzählen, um zu sehen, wie viel es wert ist."

„Neil, Emily, das tun wir nicht. Wir überprüfen unsere Vorräte jede Woche. Das wisst ihr beide. Ihr seht doch, dass es nicht mehr Arbeit macht, nicht wahr?", fragte Carole müde. „Heute morgen krabbelten die Versicherungsleute in der ganzen Scheune herum, um herauszufinden, wieso das Feuer ausgebrochen ist. Am Nachmittag kamen Leute vom

Gemeinderat, die das Gleiche taten und das ganze Areal auf Brandsicherheit untersuchten. Zwei Leute haben angerufen und ihre Buchungen storniert. Ich will heute Abend nichts mehr hören."

„Das wirst du hören wollen", sagte Neil selbstsicher. „Philip Kendall will die Zwinger abreißen und einen Supermarkt bauen."

„Und einen Parkplatz", ergänzte Emily.

Weil Neil und Emily die Geschichte gleichzeitig erzählen wollten und weil Bob und Carole gleichzeitig versuchten Fragen zu stellen, dauerte es lange, bis alles klar war.

„Reden wir Klartext", sagte Bob schließlich. Neil hatte den Eindruck, dass sein Vater jetzt wacher aussah, mehr wie der Vater, den er kannte. „Philip Kendall will sein Land einem Bauunternehmer außerhalb der Stadt verkaufen, der einen Supermarkt plant. Und der Gemeinderat will sein Vorhaben nicht genehmigen, weil kein ordentlicher Zugang zur Hauptstraße vorhanden ist?"

„Das stimmt", sagte Carole. „Das Sträßchen zur Old Mill Farm windet sich ein gutes Stück, bevor es auf die Hauptstraße stößt."

„Es gibt auch nicht genügend Platz für einen richtigen Parkplatz", schloss Bob. „Also macht Kendall ein Angebot für unser Grundstück, auf dem er alles niederreißen, eine Zufahrt mitten durch die Anlage bauen und den Rest für einen Parkplatz zuzementieren will."

„Das ist aber nicht das, was er uns gesagt hat", ergänzte Carole.

Bob sah sie alle grimmig grinsend an. „Natürlich nicht, konnte er ja nicht." Er stand auf. „Ich werde versuchen, mehr darüber zu erfahren."

„Wie?", fragte Neil.

„Ich werde Stadtrat Jepson anrufen. Er ist sehr freundlich zu uns, seit wir ihm mit seinen Hunden aus der Patsche geholfen haben. Er müsste in der Lage sein, mir ein bißchen mehr über das Thema der Baugenehmigung zu erzählen …" Bob ging ins Büro.

Neil spürte, wie sich seine Stimmung hob. Vielleicht wollte Bob Parker doch noch für die King Street Zwinger kämpfen. Neil schaute auf den Hof hinaus und versuchte sich vorzustellen, dass die Gebäude niedergerissen wurden und alles zugeteert und mit Autoschlangen verstopft war. Vielleicht errichteten sie

auf dem Übungsfeld, auf dem die Hunde so gern herumliefen und spielten, eine Tankstelle. Durch die verbrannten Überreste der Scheune wirkt der Ausblick jetzt schon ganz anders. „Dad wird nicht zulassen, dass sie die King Street niederwalzen, nicht wahr?"

„Darauf kannst du wetten", sagte seine Mutter zuversichtlich. „Ich habe diese Shopping-Zentren außerhalb der Städte schon gesehen. Sie zerstören die Landschaft. Alle fahren hin und verursachen auf den Straßen und entlang der Hecken noch mehr Umweltverschmutzung."

„Ich wette, dass es Mr Kendall war, der die Scheune in Brand gesteckt hat", rief Emily.

„Hoffentlich hast du das noch niemandem gesagt", erwiderte ihre Mutter rasch.

„Nein, Mum, ich bin nicht dumm. Aber es ist ein merkwürdiger Zufall, nicht wahr? Die Scheune brennt genau in dem Augenblick ab, in dem Mr Kendall diesen Besitz kaufen will. Er muss es gewesen sein."

„Wir werden uns später den Kopf darüber zerbrechen, was das Feuer verursacht hat."

Neil fragte sich, ob Emily Recht hatte, wurde aber durch seinen Vater, der aus dem Büro zurückkam, aus seinen Gedanken gerissen. Neil hatte den Eindruck, dass Bobs Gesicht sich verändert hatte. „Was war los?", fragte er.

Alle sahen Bob an.

„Ich habe Mr Jepson angerufen", begann er. „Und es stimmt – das mit der Baugenehmigung. Der Bauunternehmer wollte einen Supermarkt, eine Tankstelle, einen Arkadenhof für kleinere Geschäfte und einen Kinderspielplatz bauen. Der Gemeinderat lehnte das erste Ansuchen aus den erwähnten Gründen ab."

„Aber das ist nicht alles, nicht wahr?" Carole fühlte es.

„Ja. Ich hatte gerade aufgelegt, als es wieder klingelte. Es war Paul Hamley, Neils Lehrer von der Meadowbank Schule. Er sagte, er habe heute gehört, wie Neil in der Schule allen von unserer Situation erzählte, und fragte, ob er irgendwie helfen könne. Dann sagte er, dass er, wenn wir es uns nicht leisten können, neu zu bauen, mit dem Direktor sprechen würde, damit die ganze Schule sich an einer Benefizveranstaltung beteiligt." Bob klang, als glaube er nicht ganz, was er sagte. Er tastete nach einem Stuhl und setzte sich. „Ich weiß nicht, was ich sagen soll. Es ist wirklich verblüffend. Die Freundlichkeit mancher Leute."

„Es ist nicht mehr, als du verdienst", sagte Carole.

Neil schwieg. Er hatte nie erwartet, dass sein Lehrer so nett sein konnte!

Am Dienstagnachmittag waren Neil und Emily überrascht, als ihr Vater sie im grünen Range Rover vor der Schule erwartete. Bob wirkte noch immer müde, aber Neil glaubte zu sehen, dass seine Augen schon wieder funkelten.

„Hi", sagte Bob. „Ich besuche Red. Wollt ihr mitkommen?"

Die größten Sorgen hatte Neil die Tatsache gemacht, dass Bob sich geweigert hatte, Red zu besuchen. Es war eine Erleichterung, dass ihr Vater sich wieder für Hunde interessierte. Vielleicht würde Neil jetzt im Stande sein, seinen Vater auch dazu zu bringen, Whisky zu helfen.

Neil und Emily kletterten in den Range Rover. Sie warteten geduldig auf Krümel, die wie üblich zu spät aus der Schule kam.

„Ist heute etwas geschehen, Dad?", fragte Neil versuchsweise.

„Ja also", begann Vater. „Der Besitzer des Schäferhundes tauchte auf und nahm ihn mit. Er war wirklich zufrieden und spendete dem Rettungszentrum einen höheren Betrag. Er hatte seine Schwester in Colshaw besucht, und der Hund lief davon, als sie ihn auf einem Ausflug frei laufen ließen."

„Er hätte daran denken sollen, an seinem Halsband einen Anhänger mit seiner Telefonnummer zu befestigen, nicht wahr?", fragte Emily.

„Es ist erstaunlich, wie viele Menschen die naheliegenden Dinge vergessen."

„Es tut mir nicht Leid, dass der Hund geht", sagte

Neil und verschränkte die Arme. „Er wäre uns auf die Dauer über den Kopf gewachsen."

„Heute rief mich auch einer unserer regelmäßigen Lieferanten an", fuhr Bob fort. „Er hatte vom Feuer gehört und bot uns an, das gesamte Stroh für das Rettungszentrum umsonst zu ersetzen." Bob schüttelte den Kopf und sagte erstaunt: „Seine Großzügigkeit hat mich tatsächlich gerührt."

„Du wirst nicht verkaufen, Dad, nicht wahr?", fragte Emily.

Neil hielt die Luft an und fragte sich, ob es nicht etwas übereilt von seiner Schwester gewesen war, die Frage jetzt zu stellen. Es war vielleicht nicht der richtige Zeitpunkt. Bob zögerte und spielte mit dem Zündschlüssel. „Ich weiß es nicht. Ich muss darüber nachdenken. Sehr viel wird davon abhängen, was die Versicherungsleute sagen."

„Aber Vater – "

„Sieh mal, da drüben ist Krümel." Neil war froh, dass er einen Grund hatte, Emily zu unterbrechen. Er wollte seiner Schwester zu verstehen geben, dass es keinen Sinn hatte, ihren Vater jetzt zu drängen. Es war am besten, wenn sie ihn in Ruhe nachdenken ließen.

„Ich habe einen Aufsatz über das Feuer geschrieben", sagte Sarah stolz, als sie in den Wagen kletterte. „Und alle wollten, dass ich ihnen davon erzählte."

„Gut gemacht, Krümel", sagte Neil.

Vater startete den Wagen und fuhr los. Als sie erfuhr, dass sie Red besuchen würden, konnte Sarah vor Aufregung nicht mehr stillsitzen.

Als sie die Praxis erreichten, war Neil enttäuscht, weil Red sich noch immer auf der Intensivstation befand. Er hatte gehofft, dass der Setter schon aufgestanden war und sein lebhaftes, umgängliches Wesen wieder ein bisschen zum Vorschein kam. Immerhin war die Infusion entfernt worden, und als die Parkers hineingingen, hob er den Kopf und bellte – ein sehr schwaches Bellen – aber es zeigte, dass er sie erkannte.

Bob öffnete den Käfig, streichelte ihn, und Reds Zunge leckte seine Hand.

„Darf ich ihn streicheln?", fragte Sarah.

„Ja", erwiderte Mike Turner, „aber sei sehr vorsichtig."

„Also, Mike", begann Bob und biss sich auf die Lippen, „wie lautet das Urteil? Wird er es schaffen?"

Mike führte die drei auf den Gang hinaus. Er war ernst und sprach leise, so dass Sarah, die glücklich auf Red einredete, nicht hören konnte, was er den anderen sagte. „Er wird kräftiger, aber ich kann noch nicht sicher sein. Die inneren Wunden zu nähen war eine schwierige Operation. Eine Menge Hunde hätten es nicht überlebt. Und es gibt immer noch die Möglichkeit einer Infektion – das passiert leider oft bei Magenverletzungen. Aber wenn ich auf einen Hund setzen würde, dann auf Red. Er ist ein Kämpfer."

Bob blickte zur Intensivstation hinüber, wo Sarah noch immer den Setter streichelte. Neil erkannte, wie stolz sein Vater auf den Hund war und wie sehr er an ihm hing.

„Das ist er", antwortete Bob. „Und jetzt muss er kämpfen. Das müssen wir alle tun."

Auf der Rückfahrt von Mike Turners Praxis folgte ein schmutziger weißer Lieferwagen dem Range Rover der Parkers die Compton Road hinauf. Einige Stück Bauholz ragten über die Ladefläche hinaus. Neil und sein Vater, die vorn saßen, waren überrascht, als der Lieferwagen in die Auffahrt zu den King Street Zwingern einbog.

„Ich möchte wissen, wer das ist", sagte Neil. „Ich erkenne den Lieferwagen nicht."

Ein nicht mehr ganz junger Mann in einem Overall sprang vom Fahrersitz hinunter. Er hatte schütteres blondes Haar und ein wettergegerbtes Gesicht. „Mr Parker?" Der Mann streckte die Hand aus, als Bob aus dem Range Rover ausstieg. „Eddie Thomas."

Bob schüttelte ihm die Hand, sah aber noch immer verwirrt aus.

„Ich bin der Bruder von Dave Thomas", erklärte der Mann. „Von der Garage in Compton. Sie haben ihm und seiner Frau einen Hund aus Ihrem Rettungszentrum gegeben."

Bob begriff. „Ja, natürlich, Dave Thomas."

Auch Neil erinnerte sich. Dave hatte einen wunderbaren Hund namens Billy davor gerettet, eingeschläfert zu werden, weil ihm niemand sonst ein Zuhause bieten wollte.

„Was kann ich für Sie tun, Mr Thomas?", fragte Bob. „Wollen Sie auch einen Hund?"

Eddie Thomas lachte. „Nennen Sie mich Eddie. Nein, ich kann nicht sagen, dass ich jemals daran gedacht habe, mir einen Hund zuzulegen. Es war immer unser Dave, der darauf scharf war. Ich bin jetzt seinetwegen hier. Er hat mir erzählt, dass Sie in Schwierigkeiten sind."

Bob kratzte sich am Kinn. „Das kann man wohl sagen."

„Ja also, sehen sie, ich habe eine Baufirma, und – "

„Warten Sie einen Moment, Mr Thomas – Eddie –" sagte Bob. „Ich weiß nicht, ob ich mir im Augenblick eine Baufirma leisten kann. Die Versicherung zahlt nicht, und ich kann die abgebrannte Ruine erst anrühren, wenn die Untersuchungen abgeschlossen sind."

„Kein Problem", antwortete Eddie. Er zog ein zerknittertes Stück Papier aus der Tasche seines Overalls und einen Bleistiftstummel hinter dem Ohr hervor. Er leckte an der Bleistiftspitze und begann zu schreiben. „Ich kann Ihnen Bauholz zum Selbstkostenpreis liefern, und was die Arbeiter betrifft, können wir später eine Lösung finden. Wo befindet sich diese Scheune?" Er zeigte auf das Gitter an der Seite des Hauses. „Dorthin? Sehen wir es uns an." Er ging zum Tor.

Bob sah Neil und Emily an, zuckte hilflos die Achseln und folgte ihm. Neil und Emily begannen zu lachen.

„Er zeigt es Dad aber!", sagte Neil.

„Vielleicht werden wir jetzt die Scheune wieder aufbauen können", fügte Emily hinzu.

„Wie lang ist der schon hier?" Eddie blickte in Blackies Verschlag im Rettungszentrum, nachdem er die Kosten für den Wiederaufbau der King Street Scheune geschätzt hatte.

„Nur ein paar Wochen", antwortete Bob. Blackie hüpfte zu Eddie hinüber, legte seine Pfoten auf den Maschendraht und hechelte aufgeregt. „Ich glaube nicht, dass es uns schwer fallen wird, ihn unterzubringen. Er ist genau der Typ, auf den junge Leute scharf sind."

Eddie ging noch einige Schritte an der Reihe von Verschlägen entlang und blieb vor Whisky stehen. „Und dieses schüchterne Ding?"

„Er heißt Whisky", erklärte Neil. „Irgendetwas hat ihn sehr erschreckt und er ist verwirrt, deshalb wird es wahrscheinlich schwierig sein, ein neues Zuhause für ihn zu finden."

Eddie seufzte. „So eine Schande."

Bob blickte nachdenklich in Whiskys Verschlag. Neil war froh zu sehen, dass sein Vater wieder anfing sich für Whisky zu interessieren. Aber als Eddie zurücktrat und begann, seine Finger durch das Gitter von Blackies Verschlag zu stecken, fragte er sich, ob er einen neuen Besitzer für den Welpen gefunden hatte.

„Möchten Sie ihn haben, Mr Thomas?"

Eddie Thomas richtete sich auf und schüttelte den Kopf. „Nein, ich habe nie einen Hund gehabt. Ich wüsste nicht, wo ich anfangen sollte, und ich nehme an, dass ich zu alt bin um noch zu lernen." Er zögerte, dann fügte er hinzu: „Naja, meine Frau mag Hunde sehr …"

„Warum wollen Sie sie nicht fragen?", schlug Neil vor. „Wir werden Blackie behalten, bis Sie sich entscheiden."

„Ich weiß nicht …" Eddie schüttelte wieder den Kopf. Als sie das Rettungszentrum verließen, drehte er sich noch einmal zu Blackie um, als sie das Rettungszentrum verließen. Bob und Neil wechselten hinter seinem Rücken vielsagende Blicke.

Als Carole Parker am Donnerstag nach der Schule ihren Wagen durch die Einfahrt zu den Zwingerblocks lenkte, bemerkten Neil und Emily einen glänzenden BMW, der vor dem Haus parkte. Mr Kendall, der noch immer Tweed und saubere Schuhe trug, war im Begriff in den Wagen zu steigen. Als der Range Rover vorfuhr und Carole ausstieg, blieb Mr Kendall stehen.

„Mrs Parker?", fragte er und wollte ihr die Hand schütteln. „Ich habe gerade geläutet, aber Ihr Mann ist anscheinend nicht zuhause."

Carole schüttelte seine Hand, aber Neil fand, dass sie das Gesicht verzog, als hätte man ihr soeben eine tote Ratte angeboten. „Er ist wahrscheinlich mit den Hunden hinter dem Haus", sagte sie. „Wollen Sie mitkommen?"

Philip Kendall sah verärgert aus und blieb stehen, als erwarte er, dass sie Bob holen würde. Schließlich folgte er ihr doch durch das Seitentor. Neil und Emily schlossen sich an, aber Sarah sagte so laut „ekelhafter Typ", dass Mr Kendall es hören konnte. Dann stolzierte sie ins Haus.

Kate McGuire fegte gerade den Hof. Bevor Carole sie fragen konnte, wo Bob war, kam Sam aus der Richtung des Übungsfelds gerannt, und Neil sah, dass ihr Vater eben mit einigen Hunden von einem Spaziergang zurückkehrte. Emily kam zu Hilfe. Sie und Kate brachten die Hunde hinein, während Bob zu dem wartenden Philip Kendall ging.

„Sehen Sie mal, Mr Parker", begann Kendall, sobald Bob in Hörweite war. „So geht das nicht. Es ist eine Woche her, seit ich Ihnen mein Angebot unterbreitet habe, und ich kann wirklich nicht mehr länger warten. Ich will eine Antwort."

„Ich kann eine so große Entscheidung nicht in fünf Minuten treffen", antwortete Bob kühl. „Ich brauche Zeit zum Überlegen."

Kendall schnaubte angewidert. „Wenn Sie noch lange schwanken, könnte ich es mir überlegen."

Neil versuchte, Vaters Aufmerksamkeit zu erregen. Er wollte sehen, ob Bob Mr Kendall ins Gesicht sagen würde, was er wußte. Neil hätte Mr Kendall am liebsten selbst zur Rede gestellt, wusste aber, dass sein Vater ihn umbringen würde, wenn er sich einmischte.

Neil schnalzte nach Sam, der zu ihm lief und sich neben seinen Herrn setzte; dabei kam er sehr nahe an Philip Kendall vorbei. Kendalls Fuß zuckte; es sah aus, als hätte er den Collie getreten, wenn ihn niemand beobachtet hätte.

„Können wir das nicht unter vier Augen besprechen?", fragte er.

„Ich glaube nicht, dass wir noch etwas zu besprechen haben", erwiderte Bob ruhig.

„Ha!" Kendall klang befriedigt. „Wir sind uns also einig. Ich werde meinen Anwalt beauftragen, einen Vertrag zu entwerfen."

„Es tut mir Leid, Sie haben mich missverstanden",

sagte Bob. „Wenn Sie sofort auf einer Antwort bestehen, muss ich Ihr Angebot ablehnen."

Neil hätte am liebsten gejubelt. Carole lächelte, als hätte sie bis zu diesem Augenblick nicht gewusst, was Bob tun würde.

„Sie sind verrückt", sagte Kendall zornig. „Vollkommen verrückt. Sie werden kein besseres Angebot bekommen. Und Sie werden mich nicht dazu bringen, mein Angebot zu erhöhen, falls Sie darauf aus sind. Nehmen Sie es oder lassen Sie es bleiben."

„Ich lasse es bleiben", antwortete Bob. „Selbst wenn ich verkaufen müsste, würde ich es vorziehen, es nicht an jemanden zu verkaufen, der es als Stadterweiterungsgebiet verwenden will. Zufällig bin ich der Meinung, dass Compton ohne einen großen Supermarkt besser dran ist, und ich will nicht in die Bereicherungsintrigen von irgendwem hineingezogen werden."

Während Bob sprach, war Philip Kendall langsam dunkelrot angelaufen. Neil hätte gern laut gelacht, aber andererseits sah die Situation nicht ungefährlich aus. Er hatte das schreckliche Gefühl, dass Kendall explodieren könnte. Und als er endlich antwortete, sprudelten die Worte aus ihm heraus, wie aus einem Ballon, aus dem man die Luft ausließ. „Alles ist vollkommen legal, wissen Sie. Es ist für das Wohl der Stadt. Sie haben nicht das Recht zu – "

„Nein, Mr Kendall", erwiderte Bob. „Dies ist mein Besitz und ich habe jedes Recht. Guten Abend."

Kendall wendete sich an Carole. „Können Sie ihm nicht ein bisschen Verstand beibringen?", fragte er wütend.

„Ich glaube, dass ich es soeben getan habe", erwiderte Carole. „Auch ich will nicht verkaufen. Es tut mir Leid, Mr Kendall, aber ich halte es für besser, wenn Sie gehen."

„Ich gebe Ihnen weitere zehntausend drauf und das ist mein letztes Angebot!"

Carole schüttelte nur den Kopf. Neil fiel auf, dass sie begann, sich zu ärgern. Neben Neils Füßen wurde Knurren laut. Sam war zu gut dressiert um Neils Seite zu verlassen, aber sogar er zeigte, dass er Philip Kendall nicht mochte.

„Du solltest diesen Hund lieber von mir fernhalten", sagte Kendall und funkelte Neil an. Dann lief er zurück zu seinem Auto. Er begann zurückzuschie-

ben, dann wendete er und fuhr zum Tor. Sam rührte sich nicht, aber er bellte laut, um Kendall Beine zu machen.

Neil hörte, wie der BMW Gas gab und seine Räder auf dem Schotter knirschten. „Das war großartig", keuchte er und begann zu lachen.

„Wir werden ihn nicht wiedersehen", sagte Carole. „Hoffentlich."

„Dad", fragte Neil, der langsam seine Fassung zurückerlangte, „heißt das, dass du überhaupt nicht verkaufen willst?"

Bob stieß einen langen Seufzer aus. „Ich weiß es nicht", erwiderte er. „Alles hängt von – "

Er hielt inne, denn Sarah kam aus dem Haus gelaufen und rief: „Daddy! Daddy! Ein Anruf für dich."

„Ein weiteres Mitglied deines Fan-Clubs", stellte Carole trocken fest.

Bob grinste sie an und ging mit Sarah ins Haus. Neil machte sich auf die Suche nach Emily, um ihr die guten Neuigkeiten zu bringen, und winkte Kate zu, die nach Hause ging. Er fand Emily im Rettungszentrum, wo sie Blackie frisches Wasser gab.

„Schade, dass ich nicht dabei war", sagte Emily, als sie von Kendalls hastigem Aufbruch erfuhr. „Hast du ihn gefragt, was er letzten Donnerstag nachts gemacht hat?"

„Du meinst, ob er die Scheune angezündet hat? Sei nicht verrückt. Er wäre ausgeflippt."

„Ich will es jedenfalls wissen", sagte Emily entschlossen.

Neil wollte es auch wissen, aber ihm fiel noch immer kein Weg ein, um es herauszubekommen. Falls Kendall für das Feuer verantwortlich war, würde er es nie zugeben. Und Neil konnte kaum zur Old Mill Farm gehen und Fragen stellen.

All das vergaß er, als er und Emily zusammen in die

Küche kamen. Bob und Carole rührten sich nicht. Bobs Gesicht war weiß und er sah so unglücklich aus, wie Neil ihn noch nie erlebt hatte. Neil war klar, dass etwas sehr Ernstes geschehen war.

„Mike Turner hat angerufen", sagte Bob heiser. Er klang erschüttert. „Wir müssen sofort in die Intensivstation. Es … Red liegt im Sterben."

Mike Turner empfing Bob, Neil und Emily auf den Stufen seiner Praxis in Compton. Er wirkte unglücklich und besorgt. „Es tut mir Leid", sagte er, als sie zu den Doppeltüren kamen und er sie hineinführte. „Ich kann euch nicht sagen, wie Leid es mir tut. Es ist eine Infektion. Seine Temperatur ist seit heute morgen gestiegen und er mochte es nicht, wenn ich seinen Magen berührte. Der Schmerz wird schlimmer werden. Ich entnahm eine Blutprobe, nur um sicher zu sein …"

„Und was zeigte sie?", fragte Neil nervös.

„Es ist eine Bauchfellentzündung."

„Gibt es keine Heilung dafür?", fragte Emily unglücklich.

Mike schüttelte den Kopf. „Bei inneren Verletzungen gibt es immer ein Risiko. Sobald die Entzündung sich ausbreitet, kann ich nichts mehr tun. Ich habe ihm das stärkste Antibiotikum gespritzt, das wir haben. Aber er reagiert nicht. Kurz bevor ich dich anrief, brach er zusammen."

Mike führte die Parkers in die Intensivstation.

Als Neil Red zuletzt gesehen hatte, hatte er munter gewirkt, als kehre er ins Leben zurück. Jetzt lag er unbeweglich auf der Matte in seinem Käfig. Er hing wieder an der Infusion, und die einzige Bewegung war das ungleichmäßige Heben und Senken seiner Brust im Rhythmus seines schwer gehenden Atems. Bob ging zu ihm und rieb sanft seine Schnauze.

„Red", sagte er.

Neil ballte die Hände. Er spürte, wie sich seine Fingernägel in die Handflächen bohrten. Er wollte sagen: „Komm schon, Red, du bist ein Kämpfer, du schaffst es", aber ein Kloß steckt in seinem Hals und er brachte die Worte nicht heraus. Neben ihm war Emily verstummt.

„Ich kann nichts mehr für Red tun", sagte Mike. Er ging hinaus und schloss die Tür leise hinter sich. Es war ein Hinweis darauf, dass Red nicht mehr lange leben würde.

Bob streichelte den Kopf des Hundes weiter, er sprach nicht mehr, sein Gesicht war ausdruckslos. Er bereitete sich auf das Unvermeidliche vor.

Nachher würde Neil nicht genau wissen, wie lang sie dort gestanden und Reds heiserem Atmen zugehört hatten. Zwischen jedem Atemzug gab es eine Pause, als wäre es der letzte gewesen, und es war jedes Mal eine Erleichterung, wenn der nächste kam.

Dann, ohne Vorwarnung, erschauerte der Körper des Hundes plötzlich. Reds Pfoten zuckten. Er versuchte, den Kopf zu heben, und machte drei raue, unregelmäßige Atemzüge. Bob griff hinunter und versuchte, ihn zu stützen, aber der Hund erschlaffte in seinen Armen.

„Nein!", weinte Emily. „Oh nein!" Ihr Gesicht war tränenüberströmt.

Bob stieß einen langen Seufzer aus und schloss die Augen. Seine Hand streichelte Reds glänzende Flanke, dann legte er ihn nieder und trat zur Seite.

Neil rieb sich die Augen. Erst jetzt wurde ihm klar, dass er ebenfalls weinte. Die Nacht des Brandes fiel ihm wieder ein. Er erinnerte sich daran, wie er in der Scheune gewesen war, wie er im Feuer und in der

Dunkelheit herumgetastet und versucht hatte, den Weg nach draußen zu finden, wie er in der raucherfüllten Luft hatte husten müssen. Er erinnerte sich an die Erleichterung, als er Red bellen gehört und den Zug an seiner Jacke gespürt hatte, der ihn in Sicherheit brachte. Neil streckte die Hand aus und streichelte Reds glänzendes Fell zum letzten Mal. Der schöne Körper des Setters war noch warm.

„Ohne Red wäre ich nicht mehr hier", flüsterte er. Sein Vater legte ihm den Arm um die Schulter.

„Er war ein guter Hund", sagte Bob, und sie standen still nebeneinander. Nach einigen schmerzlichen Augenblicken ging Bob zur Türe und rief nach Mike.

Der Tierarzt kam zurück und untersuchte Red flüchtig. „Es tut mir wirklich Leid, Bob", sagte er. Nach einer Minute fügte er hinzu: „Willst du ihn hier begraben?" Mike Turner hatte einen Hundefriedhof unter den Bäumen in dem kleinen Garten neben der Praxis angelegt.

Bob schüttelte den Kopf. „Nein, Mike, danke. Red war mein Hund. Habe ich dir erzählt, dass Jim Birchall ihn mir hinterlassen hat? Ich will ihn nach Hause bringen."

Neil holte eine Decke aus dem Wagen. Bob hüllte Red darin ein und trug ihn hinaus. Emily klammerte sich an Neils Hand, als sie den beiden folgten, und dieses eine Mal hatte Neil nichts dagegen. Bob legte Red in den Kofferraum des Wagens, schüttelte Mike die Hand und stieg ein. Neil und Emily kletterten hinten hinein und Bob fuhr los.

Neils Magen war aufgewühlt. Er konnte nicht klar denken. Er konnte nicht glauben, dass sie Red niemals wieder sehen würden – seine klaren Augen und seinen freundlichen, neugierigen Blick. Er war bereit gewesen, Red in die Familie aufzunehmen. Er konnte nicht glauben, dass es nicht geschehen würde.

Aber er musste auch an seinen Vater denken. Bis jetzt hatte Neil erwartet, dass alles wieder in Ordnung kommen würde. Bob hatte Mr Kendalls Angebot abgelehnt. Auch wenn die Versicherungsgesellschaft nichts für den Wiederaufbau der Scheune zahlen würde, gab es andere Möglichkeiten, die Zwinger wieder in Gang zu bringen. Sein Vater hatte begonnen sich zu wehren und wieder der Mensch zu sein, den Neil immer gekannt und geliebt hatte. Das Lächeln war auf Bobs Gesicht zurückgekehrt. Aber würde er jetzt, nach Reds Tod, weiter kämpfen wollen?

Der Range Rover hielt bei den King Street Zwingern, bevor Neil auch nur bemerkt hatte, dass sie auf dem Weg nach Hause waren. Als er aufstand und aus dem Wagen stieg, hatte er das Gefühl, ein ungeheures Gewicht zu heben. In dem Moment ging die Haustür auf und Carole kam herausgelaufen.

„Bob, ist er ...?"

Bob kam ihr entgegen, und als Carole die Antwort in seinem Gesicht las, legte sie ihm die Arme um den Hals. „Es tut mir Leid, Liebster."

Neil öffnete die hintere Tür des Wagens, wo Red in die Decke gehüllt lag.

„Wir werden ihn auf dem Feld begraben", sagte Bob. „Im Freien. Dort war er gern."

„Ich werde helfen", sagte Neil. „Ich hole zwei Spaten." Er ging zum Geräteschuppen, in dem das Werkzeug aufbewahrt wurde.

Krümel saß am Küchentisch. Emily nahm an, dass Carole ihr erzählt hatte, wohin sie alle gefahren waren, denn ihre Augen waren rot und ihr Gesicht vom Weinen verquollen. Vor ihr lag ein Bild von Red, das sie gemalt hatte, während die anderen fort gewesen waren.

Als Neil mit zwei Spaten in der Küchentür erschien, begann Sarah wieder zu weinen. Carole setzte sich neben sie und tröstete sie, so gut sie konnte.

Bob trank mit großen Schlucken den Tee, den Carole ihm hinstellte, und sah Neil an, der so traurig im Türrahmen stand. „Ich möchte wissen, was Jim Birchall denken würde, wenn er wüsste, dass sein Hund tot ist. Er vertraute mir, dass ich mich um ihn kümmern würde."

„Du hast dein Bestes getan. Und Red starb als Held", sagte Carole, die den Arm um Sarah gelegt hatte. „Er hat Neil aus der Scheune gerettet."

„Dad", sagte Neil, „du weißt, dass Mr Birchall dir etwas Geld hinterlassen hat, damit du dich um Red kümmerst. Könnten wir es für den Wiederaufbau der Scheune verwenden?"

Bob schüttelte den Kopf. „Nein, das wäre nicht richtig. Außerdem bin ich nicht sicher, ob man es mir gestatten würde."

„Dann verwende es für das Rettungszentrum", sagte Emily.

„Nein." Bob überlegte eine Minute. „Nein, ich glaube, dass wir nach allem, was geschehen ist, das Geld überhaupt nicht nehmen sollten. Ich werde zu Jims Anwalt gehen, und wenn er zustimmt, werde ich das Geld dem Tierschutzverein geben."

Es folgte eine kurze Stille. Jeder fand, dass das die richtige Lösung war.

„Aber du wirst die Scheune wieder aufbauen, Dad?", fragte er. „Wir bleiben hier, nicht wahr?"

Bob öffnete den Mund um zu antworten, doch das Läuten der Türglocke unterbrach ihn.

„Was kommt jetzt?", fragte Carole und blickte zur Decke hinauf.

„Ich gehe", sagte Emily.

Als sie die Vordertür öffnete, krampfte sich ihr Herz zusammen. Auf der Schwelle stand Mr Pye von der Versicherungsgesellschaft.

10

„Dad!", rief Emily laut. Bob trat aus der Küche in den Korridor. Als er sah, wer der Besucher war, blieb er wie angewurzelt stehen.

„Mr Pye. Kommen Sie lieber herein."

Mr Pye streifte seine polierten Schuhe auf der Matte ab. Nichts in seinem säuerlichen Gesicht verriet, warum er gekommen war. Bob führte ihn in die Küche und Emily folgte ihnen.

„Oh …", sagte Carole, als sie eintrafen. Sie erhob sich. „Wäre es nicht besser, Bob, wenn wir ins Büro gingen?"

Bob sah sie verwirrt an. Neil wusste, dass sein Vater noch immer an Red dachte, nicht an das, was der Versicherungsmann sagen würde.

„Bitte bemühen Sie sich nicht", sagte Mr Pye. „Ich werde nicht lange bleiben."

Er schüttelte Carole die Hand.

„Mrs Parker? Ich freue mich."

„Bitte nehmen Sie Platz." Carole zeigte auf einen Stuhl.

„Danke." Mr Pye zog seine Hosenbeine hoch und setzte sich. Alle, sogar Sam, sahen ihn an, als würde er beißen. Neil entspannte sich ein wenig. Wenn Mr Pye vorhat, seinen Vater zu beschuldigen die Scheune absichtlich niedergebrannt zu haben, so hätte er sich kaum an ihren Küchentisch gesetzt um die Bombe platzen zu lassen.

„Ich dachte, dass sie gern wissen würden", begann Mr Pye, „dass die Versicherungsermittler ihren Bericht über Ihre Scheune vervollständigt haben, und ihre Feststellungen stimmen mit jenen der örtlichen Polizei überein. Eine Kopie unserer Erkenntnisse wird sich morgen in Ihrer Post befinden, aber ich dachte, dass Sie es so rasch wie möglich erfahren sollten." Er machte eine kurze Pause. Neil dachte, dass Mr Pye die Spannung genießen wollte, und der Mann brachte tatsächlich ein kaltes, kleines Lächeln zu Stande. „Sie haben keinen Grund mehr, Mr Parker, sich Sorgen zu machen."

Die Spannung in Bobs Körper schien sichtlich nachzulassen, und seine Schultern entspannten sich.

„Das Feuer brach infolge eines Defekts in den elektrischen Kabeln aus, die in der Scheune verlegt waren. Man kann sagen, dass der Defekt wie eine nicht entschärfte Bombe war, die in der Wand vor sich hintickte. Niemand konnte davon wissen, und niemanden trifft die Schuld."

„Das ist wunderbar!", sagte Carole.

Neil spürte, wie ihn eine Welle der Erleichterung überflutete.

Sogar Bob lächelte.

„Also war es nicht Mr Kendall", sagte Emily leise zu Neil.

Neil fand, dass sie enttäuscht klang. Sie hatte es wirklich auf Philip Kendall abgesehen! Aber der Mann war schließlich doch kein Verbrecher – nur ein Geschäftsmann, der auf Profit aus war und das Unglück der Parkers skrupellos ausnützen wollte. Was ihn auch nicht sympathischer machte, fand Neil.

„Und was geschieht jetzt?", fragte er.

„Die Zahlung der Versicherung wird innerhalb der nächsten Tage eintreffen", sagte Mr Pye. „Sie muss die Kosten der Wiederherstellung des Gebäudes vollständig decken, und Ihnen alle übrigen Schäden an Ihrem Eigentum als direktes Ergebnis dieser Tragödie ersetzen. Sie können mit dem Wiederaufbau jeder Zeit beginnen. Ich werde eine Kopie meines Berichts an den Gemeinderat senden."

„Danke, Mr Pye", sagte Bob. „Sie haben uns eine Last von den Schultern genommen. Es war sehr freundlich von Ihnen, hierherzukommen und es uns zu erzählen."

Mr Pye stand auf.

„Kein Problem", sagte er. „Wenn Sie noch mehr wissen wollen, zögern Sie nicht, sich mit mir in Verbindung zu setzen."

Er schüttelte Carole noch einmal die Hand, und Bob begleitete ihn zur Tür.

„Großartig!", sagte Emily mit leuchtenden Augen.

„Das war nett von Mr Pye", sagte Carole. „Du hast mir doch erzählt, dass er schrecklich ist?"

Neil sah weg und zuckte die Achseln. „Wirklich?"

„Jetzt sollten wir keine Schwierigkeiten mehr mit dem Gemeinderat haben", stellte Carole zufrieden fest.

„Und wir müssen die Zwinger nicht aufgeben!" Neil wäre am liebsten aufgesprungen und hätte zu singen begonnen. „Mum, wir bleiben, nicht wahr?"

„Wir bleiben", sagte Bob entschieden, als er wieder an der Küchentür erschien. „Ich werde Eddie Thomas sagen, dass er mit der Scheune weitermachen kann – und ich werde ihm den richtigen Preis bezahlen."

Neil und Emily jubelten laut. Krümel wischte sich die feuchten Augen ab und rief ebenfalls: „Jippie!"

„Das heißt, dass Mr Kendall Compton nicht mit einem riesigen Supermarkt ruinieren kann!", fügte Emily hinzu.

Die Türglocke meldete sich wieder, und trotz des Jubels hörte sie Neil. Er schoss aus der Küche hinaus und kam einen Augenblick später mit Eddie Thomas herein.

„Was gibt's zu feiern?", fragte Eddie lächelnd und schob eine zierliche Frau mit einem bunten Schultertuch vor sich in den Raum. „Können wir mitmachen?"

„Hallo Eddie", sagte Bob. „Ich habe eine gute Neuigkeit erhalten. Die Versicherungsgesellschaft wird unsere neue Scheune bezahlen. Sie können mit der Arbeit anfangen, wann immer Sie wollen."

„Das ist großartig", stellte Eddie grinsend fest. „Aber deshalb bin ich nicht gekommen." Er legte seine Hand auf den Arm der Frau. „Das ist meine Frau Maureen. Willkommen in den King Street Zwingern, Maureen."

Maureen und Bob schüttelten einander die Hand.

„Es geht um den kleinen Hund", sagte Maureen. „Als mir Eddie von ihm erzählte, dachte ich, dass wir unbedingt vorbeikommen müssen um ihn uns anzusehen. Er ist noch nicht fort, nicht wahr?"

Bob lächelte. „Nein, er ist noch da. Um ehrlich zu sein, ich hatte den Verdacht, dass Eddie beschließen würde, ihn aufzunehmen."

„In unserem Haus beschließe ich", sagte Maureen, sah ihren Mann an und zwinkerte ihm zu.

Eddie seufzte. „Sie ist ein richtiger Tyrann", beklagte er sich.

Niemand zweifelte daran, dass Blackie ein neues Heim gefunden hatte.

Sobald sie im Rettungszentrum die Tür zum Verschlag des Welpen öffnete, warf sich der kleine schwarze Hund auf Maureen, die ihn in die Arme

nahm und hochhob. Maureen lachte, als Blackie ihr begeistert das Gesicht leckte.

„Kostet er etwas?", fragte Eddie.

„Nein", antwortete Carole, „aber wir nehmen Spenden entgegen, mit denen wir unsere laufenden Kosten bezahlen. Doch wir zwingen niemanden dazu."

„Das sollte kein Problem sein. Im Augenblick geht das Geschäft gut", erzählte Eddie. „Ich habe gerade einen neuen Auftrag bekommen."

Bevor Eddie und Maureen gingen, gab ihnen Bob noch einige Ratschläge über die richtige Ernährung eines Hundes.

„Wir kümmern uns immer darum, wie es unseren geretteten Hunden geht", sagte Bob, „also werden wir einander oft sehen, noch dazu, wenn Sie auch an der Scheune arbeiten. Sobald ihr Hund alt genug ist, werden Sie ihn vielleicht zu meinen Abrichtekursen bringen."

Neil und Emily sahen einander an. Es war das erste Mal, dass ihr Vater erwähnt hatte, dass er den Unterricht wieder aufnehmen wollte.

„Zweimal wöchentlich, Mittwochabend und Sonntagmorgen", erklärte Bob. „Früher habe ich sie in der Scheune abgehalten, aber so lange das Wetter gut ist, kann ich das Feld verwenden."

„Großartig!", sagte Eddie. „Rechnen Sie mit uns, wenn es soweit ist."

Neil schaute Eddie und Maureen nach während sie in Eddies schmutzigen weißen Lieferwagen kletterten. Blackie lag zufrieden in Maureens Armen, und alle drei sahen glücklich aus, weil sie einander gefunden hatten.

Neil begann zu glauben, dass alles in Ordnung sein würde. Als sie nach all der Aufregung in die Küche zurückkehrten, bemerkte Neil die beiden Spaten, die an der Wand lehnten. Wäre Red nicht gestorben, wäre alles in Ordnung gewesen.

Die Parkers begruben Red unter einem Weißdornstrauch in einer der Hecken, die das Übungsfeld umgaben. Die Sonne ging unter, als Bob und Carole das Grab schaufelten. Inzwischen bastelten Neil und Emily einen Pfosten mit Reds Namen darauf. Krümel befestigte ihr Bild von Red, das vorsichtig mit dicker Klarsichtfolie überzogen worden war, an dem Baum oberhalb des Grabs.

Neil sah zu, als Bob den Rasen wieder auf die Erde legte, und Emily legte einige Blumen dazu.

„Lebwohl, Red", murmelte Neil. „Du hast mir das Leben gerettet. Ich werde dich nie vergessen." Ihm wurde klar, dass es beinahe eine Woche her war, dass er gesehen hatte, wie Red über die Wiese rannte, während Bob ihm Stöckchen zuwarf. Er erinnerte sich, wie Red auf sie zugelaufen war und die Sonne sich in seinem leuchtenden Fell gespiegelt hatte.

Er griff hinunter zu Sam, der ruhig neben ihm saß, und kraulte seine Ohren. Die Berührung des warmen Fells war tröstend. Als wisse Sam, dass Neil ihn brauchte, wandte er ihm den Kopf zu und knabberte an seiner Hand.

Einige Minuten lang standen alle still da und blickten auf den kleinen, grasbedeckten Hügel hinunter, unter dem Red begraben war.

„Keiner von uns wird ihn vergessen", sagte Bob, während er sich umdrehte und begann, auf das Haus zuzugehen.

Auf halbem Weg fiel Neil etwas ein. Er blieb stehen.

„Dad", sagte er, „wenn die Scheune wieder hergestellt ist, können wir sie doch Reds Scheune nennen? Dann werden sich alle an ihn erinnern, nicht nur wir."

Bob blieb ebenfalls stehen und wandte sich an Neil.

„Das ist eine gute Idee, Neil. Eine sehr gute Idee." Während sie weitergingen hörte Neil, wie sein Vater leise wiederholte: „Red's Scheune."

Sie gingen im Gänsemarsch durch den Garten.

„Abendessen gibt es in einer halben Stunde", sagte Carole, ergriff Sarahs Hand und führte sie zurück zum Haus. „Euer Vater kocht."

Neil und Emily waren im Begriff ihr zu folgen, als Bob sagte: „Was hast du wegen Whisky unternommen, Neil?"

Neil konnte kaum glauben, was sein Vater gerade gesagt hatte, aber er brachte es fertig, ihn nicht anzustarren. „Kate und ich haben mit ihm gearbeitet", sagte er, „aber er will zu keinem von uns kommen. Er hat zuviel Angst. Und wenn er Angst hat, will er beißen."

Bob schüttelte den Kopf.

„Das wird nie etwas nützen", sagte er. „Wir werden nie einen neuen Besitzer finden, solange er in diesem Zustand ist."

„Ich weiß. Es tut mir Leid, Dad. Wir haben unser Bestes getan."

Bob lächelte ihn an. „Davon bin ich überzeugt. Komm mit, zeig es mir."

Die beiden machten sich auf den Weg zum Rettungszentrum. Emily folgte ihnen fröhlich. Es war eine harte Woche gewesen, aber jetzt war alles vorbei. Die „Hunde-Einsatztruppe" war wieder unterwegs.

KURZ & KLAR
Ein Setter stellt sich vor

Der Setter wird aufgrund seiner Schönheit und seines liebenswerten Wesens gerne als Familien- und Haushund gehalten. Der passionierte, temperamentvolle Jagdhund benötigt jedoch sehr viel Auslauf und Bewegung im Freien.

Herkunft
Beim Irish Setter handelt es sich um die älteste Setter-Rasse. Ihr Name leitet sich von „sitting spaniel" ab, dem „vorsitzenden" Hund, über den hinweg die angezeigten Vögel mit Netzen gefangen wurden. Heute wird der Setter sehr gerne als Jagdhund verwendet. Aufgrund seiner außergewöhnlichen Schönheit ist der Irish Setter auch als Ausstellungshund sehr beliebt.

Aussehen

Der rote Setter ist ein großer, eleganter und muskulöser Hund. Er erreicht eine Schulterhöhe bis zu 70 cm. Er hat ein üppiges, glänzend braunes oder kastanienrotes Fell. Am Kopf und an den vorderen Seiten der Läufe ist sein Haar kurz und fein. An allen anderen Körperteilen ist das Fell lang und glatt. Auf der Brust, am Hals oder an den Zehen ist das Fell oft weiß, manchmal findet man auch einen kleinen weißen Stern auf der Stirn. Seinen dunkel-nußbraunen Augen verdankt er seinen klugen Blick.

Eigenschaften

Hundebesitzer schätzen seine fröhliche, völlig unbekümmerte Art und sein liebenswertes Wesen. Setter sind sehr empfindsam und es bedarf einer liebevollen, konsequenten Erziehung. Wie die meisten Jagdhunde braucht der Setter sehr viel Auslauf, Disziplin und eine Aufgabe. Er ist als Jagdhund immer noch sehr geeignet. Immer mehr Besitzer nehmen mit Ihren Hunden an Wettbewerben teil. Er kann aber auch als Familienhund gehalten werden, wobei man im Vorhinein daran denken sollte, dass der Setter viel Bewegung im Freien braucht. Für bequeme, unsportliche Menschen eignet sich der Setter nicht. Er ist sehr anhänglich, hat ein großes Kontaktbedürfnis und ein ebenso lebhaftes Temperament.

Betreuung
Diese Hunderasse benötigt sehr viel Auslauf. Die Beschäftigung mit dem Hund, Spazieren gehen, Teilnahme an Wettbewerben ist sehr wichtig. Untätigkeit könnte dazu führen, dass er seine Energie auf durchaus unliebsame Art anderen Dingen zuwendet.
Um dem Setter sein prächtiges Aussehen zu erhalten, ist regelmäßige Fellpflege ein Muss.

Informationen zur Rasse

Österreichischer Kynologenverband
Johann-Teufel-Gasse 8
A-1230 Wien
Telefon 01/888 70 92

IN HUNDEFRAGEN KOMPETENT

Österreichischer Klub für Englische Vorstehhunde
Leopold Ziehaus
Feldgasse 14
A-2721 Bad Fischau
Telefon 02639/2736

Verband für das Deutsche Hundewesen
Postfach 10 41 54
D-44041 Dortmund
Telefon 0231/565 00-0

Kynologische Gesellschaft,
Schweizer Zentralsekretariat
Postfach 3001, Laenggasstrasse 8
CH-3000 Bern
Telefon 031/301 58 19

Kind & Hund – Richtiges Verhalten

Der richtige Umgang mit Hunden, deinem eigenen oder fremden, will gelernt sein. Auf diesen Seiten findest du ein paar Tipps, wie du mit Hunden am besten umgehst:

1 Behandle einen Hund immer so, wie du selbst gern behandelt werden möchtest!
Ein Hund kann dir nicht sagen, ob du ihm weh tust oder ihn ärgerst – er knurrt. Spiele mit dem Hund nur so, dass es ihm auch Spaß macht.

2 Geh niemals zu einem fremden Hund, ohne vorher den Besitzer zu fragen!
Viele Hunde haben schon schlechte Erfahrungen mit fremden Menschen gemacht. Frage daher einfach den Besitzer, ob sein Hunde, es mag, wenn man mit ihm spielt.

3 **Vermeide alles, was ein Hund als Bedrohung auffassen könnte!**
Wenn ein Hund sich bedroht fühlt, wird er sich wehren und verteidigen. Ein richtig wütender Hund ist kaum zu bremsen. Unterlasse daher Drohgebärden!

4 **Schau einem Hund nie starr in die Augen!**
Denn das ist für den Hund eine Herausforderung: „Schauen wir, wer von uns der Stärkere ist!" Das ist aber meistens der Hund.

5 **Komm dem Hundeschwanz nicht zu nahe!**
Ein Hund spricht mit seinem Schwanz. Wenn er wedelt heißt das : „Ich freue mich". Am Schwanz ziehen oder gar darauf steigen, kann schlimme Folgen haben.

6 **Störe einen Hund nicht beim Essen und nimm ihm sein Futter nicht weg!**
Da Fressen für einen Hund beinahe das Wichtigste ist, wird er sehr böse wenn man versucht ihn daran zu hindern.

7 Ärgere keinen eingesperrten Hund!
Der Hund bellt um sein Revier zu verteidigen. Am besten beachtest du ihn nicht und gehst einfach weiter.

 8 Trenne auf keinen Fall raufende Hunde!
Ein Mensch, der sich da einmischt, kann leicht gebissen werden. Überlasse es den Besitzern, die Hunde zu trennen.

 9 Laufe niemals vor einem Hund davon, auch wenn du Angst hast!
Der Hund ist ein Jagdtier: Wenn etwas davonläuft, wird er ihm nachjagen und versuchen es zu fangen. Wenn du Angst hast, bleib einfach stehen und schau den Hund nicht an.

 10 Beweg dich nicht, wenn ein Hund dich mit den Zähnen festhält.
Ein Hund hat keine Hände. Er muss deine Hand mit den Zähnen festhalten, wenn er Angst vor dir hat. Am besten stillhalten und warten, bis er von alleine losläßt.

11 Spiel nur mit einem Hund, wenn ein Erwachsener in der Nähe ist!

Hunde sind tolle Spielkameraden, wissen aber nicht immer, wann es „genug ist". Manchmal wollen sie einfach nicht loslassen. Dann kann ein Erwachsener helfen.

12 Kein Hund ist wie der andere!

Daher musst du jeden Hund neu kennen lernen. Wenn der Hund deine Bekanntschaft ablehnt, so lässt du ihn am besten in Ruhe. Die meisten Hunde sind aber freundlich, wenn man nett zu ihnen ist.

IEMT (Institut für interdisziplinäre Erforschung der Mensch-Tier-Beziehung), Wien

Bereits erschienen:

Band 1 · Schlimme Dodo
Band 2 · Alarmstufe Rot
Band 3 · Luckys Geheimnis
Band 4 · Rettet Assja

Demnächst:

Band 5 · Ärger mal zwei
Band 6 · Jessie, der Findling

Band 1

Dodo, die Dalmatinerhündin, ist das unfolgsamste Tier, das Neil je untergekommen ist. Sie gehört ausgerechnet Neils neuem Lehrer. Dodo ist so schlimm, dass sie bereits vier Hundeschulen verlassen musste. Kann Neil ein Wunder bewirken, bevor es zu spät ist?

ISBN 3-7074-0009-3

Band 3

Als Neil den verlorenen Lucky seinen Eigentümern zurückbringt sind alle glücklich. Doch dann taucht ein Mann auf und behauptet, dass der liebeswerte Labrador ihm gehört und dass man ihm das Tier gestohlen hat. Welches Geheimnis umgibt Lucky?

ISBN 3-7074-0011-5

Band 4

Assja, ein wunderschöner Collie, braucht ein neues Zuhause. Eines Tages verschwindet Assja – und das in dem Augenblick als ein Farmer meldet, dass ein Hund seine Schafe angefallen hat. Und schon verdächtigt man Assja! Neil und Emily bleiben nur wenige Tage um Assjas Unschuld zu beweisen …

ISBN 3-7074-0012-3

AFTER DARK

Die haarsträubenden Geschichten, die am besten nur nach Einbruch der Dunkelheit gelesen werden sollten ...

Bereits erschienen:

Band 1 · Auf der Flucht
Band 2 · Der Schatten aus der Tiefe
Band 3 · Die alte Brücke
Band 4 · Der Sprung

jeder Band öS 110,– / DM 15,– / sfr 13,80

AFTER DARK

Band 1

Zwei Diebe, die in einem verbeulten Transporter auf der Flucht sind, halten an, um den 13jährigen Travis nach dem Weg zu fragen, und auf einmal gerät das Leben des Jungen aus den Fugen. Die Frau hat eine unheimliche Tätowierung im Gesicht. Was bedeutet sie, und warum taucht immer wieder aus dem Nichts eine Krähe wie ein dunkles Vorzeichen auf?

ISBN 3-7074-0013-1   öS 110,– / DM 15,– / sfr 13,80